Empresas Encandiladas en la era digital

Gobernando empresas en la era de la aceleración

Rodrigo Larenas T.

ISBN (Ver Papel): 9781718037632

2018 V - II

Para mi esposa Paula y nuestros hijos

José, Trinidad, Florencia, Rodrigo y Sofía.

TABLA DE CONTENIDOS

I. INTRODUCCIÓN	**11**
II. DESCOLOCADOS POR LA TECNOLOGÍA	**35**
Elementos relevantes en la era digital	36
Lo Inevitable	45
Las Jugadas de la Transformación digital	48
El Vórtice digital	50
Tu estrategia requiere de una estrategia	55
Sobreviviendo a las tecnologías disruptivas	59
Máquinas, Plataformas y Multitudes	62
Empresas Ambidiestras	63
Algunos términos de la era digital	65
III. GOBIERNO DE EMPRESAS EN LA ERA DIGITAL	**73**
El desafío en la era de la aceleración	75
Enfrentando el desafío	76
Elementos importantes a considerar en el Nivel 2	85
Elementos importantes del Nivel 1	94
Gobierno Corporativo	94
IV. CEGADOS A LO EVIDENTE Y CONOCIDO	**135**
Grandes aspiraciones y el Máximo Desarrollo Potencial (MDP)	137
Racionalidad Limitada del ser humano	146
Soluciones de Parche y Bombas de tiempo	149
Amenazas y Oportunidades	151
Cegados por el desconocimiento de los ciclos de vida de las organizaciones	161
Directorio y performance de la empresa	176

EMPRESA CON BUENOS RESULTADOS QUE NO TIENE DIRECTORIO 180

V.   PALABRAS FINALES **186**

VI.   AGRADECIMIENTOS **191**

CUENTO ZEN

Una taza de té

Un *maestro* Zen recibió a un profesor universitario
que vino a aprender sobre el Zen.

El maestro sirvió el té.
Llenó la taza del profesor
y luego continuó sirviendo más té.

El profesor observó el rebalse de la taza
hasta que ya no pudo contenerse.
"Está demasiado llena. ¡Ya no cabe más té en la taza!"

"Al igual que esta copa," el *maestro* dijo,
"usted está lleno de sus propias opiniones y paradigmas.
¿Cómo puedo enseñarle de Zen si usted primero no vacía su taza? "

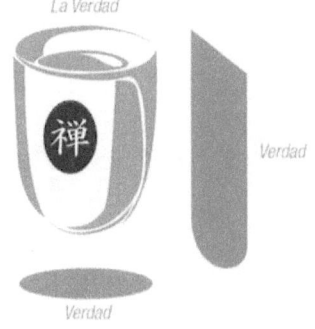

I. INTRODUCCIÓN

> El mayor obstáculo para el descubrimiento
> no es la ignorancia, sino la ilusión de conocimiento
> *Daniel J. Boorstin*

> El conocimiento es solo un tipo de combustible,
> necesita del motor del entendimiento
> para convertirlo en poder.
> *John Wyndham*

El Imperio Incaico o Inca fue un estado sudamericano con el dominio más extenso en la historia de la América precolombina, el cual llegó a tener del orden de los 12 millones de habitantes. Al territorio del mismo se le denominó *Tahuantinsuyo* -del Quechua tawantin suyu: las cuatro regiones o divisiones- y al periodo de su dominio se le conoce además como Incanato y/o Incario. Floreció en la zona andina del subcontinente entre los siglos XV y XVI, como consecuencia del apogeo de la civilización incaica. Abarcó cerca de 2 millones de kilómetros cuadrados entre el Océano Pacífico y la selva amazónica, desde las cercanías de Pasto (en Colombia) en el norte hasta el río Maule (en Chile) por el sur.[1]

Hacia 1532, *Atahualpa* ascendió al trono del poderoso Imperio Inca tras ejecutar a su hermano mayor *Huáscar*, en una guerra civil que se originó después que, tras la muerte de su padre *Huayna Cápac* en 1525 -a causa de la viruela- este último, no dejara

---

[1] https://es.wikipedia.org/wiki/Imperio_incaico

designado un sucesor y su hermano mayor se coronara Inca en la ciudad de Cuzco.

En 1532, el conquistador español Francisco Pizarro desembarcó en la costa sudamericana y estableció un asentamiento en el norte del Perú.

Pizarro partió al encuentro con el *INCA*. *Atahualpa*, quien acompañado por entre 8.000 y 30.000 hombres (las cantidades de hombres varían dependiendo de la fuente de información), no consideró a Pizarro y a sus 168 soldados una amenaza; lo que resultó ser un error fatal.

El lugar del encuentro fue la ciudad de Cajamarca, la que se encuentra ubicada a unos 2.700 metros de altitud y cuyo nombre en quechua significa "pueblo de espinas". El sábado 16 de Noviembre de 1532, Pizarro se las ingenió para capturar a *Atahualpa*; luego rescató la vida de *Atahualpa* por oro y a continuación, utilizó a este último para derrocar a todo el Imperio Inca.

Meses más tarde, cuando Atahualpa ya había cumplido con la entrega del oro y plata ofrecido para su liberación, Pizarro lo ejecutó el 26 de Julio de 1533.

Según relata el profesor de UCLA Jared Diamond[2] :

> "...La novedad de los caballos, las armas de acero y las armas (de fuego) indudablemente paralizaron a los incas en Cajamarca...".

En resumen, si bien la realidad es que existieron múltiples factores que contribuyeron a la caída del imperio Incaico tales como el descontento de pueblos vencidos, guerra civil interna y enfermedades; se puede afirmar que el Inca pecó de un exceso de confianza, probablemente debido a que acababa de ganar una guerra

---

[2] Diamond, Jarred. Guns, Germs&Steel: The Fates of Human Societies. Norton 1999, pág. 75.

interna, a que lideraba un vasto imperio y a que contaba con ingentes recursos.

Desde cierta perspectiva, pareciera que los líderes del poderoso y admirable imperio Inca, hubieran sufrido una especie de *encandilamiento* con Pizarro, que logró *dislocar* la superioridad numérica que los Incas ostentaban sobre los españoles; permitiendo que estos últimos obtuvieran la victoria con una facilidad que ni ellos se esperaban.

Pero lo anterior, no es de extrañar y quisiera prevenirlos. Los seres humanos actuamos utilizando como base un conocimiento limitado, fuertemente influenciados, además, por nuestras emociones y por lo mismo, sujeto a limitaciones cognitivas. Herbert Simon (1916 – 2001) quien obtuviera el Premio Nobel de economía en 1978, planteó que la racionalidad de la mente humana es acotada [3]. En términos muy simples, indicó que los seres humanos somos *parcialmente racionales*, que actuamos en base a impulsos emocionales y que nuestra racionalidad está limitada básicamente por tres factores:

- la información disponible
- la limitación cognoscitiva de cada mente individual
- el tiempo disponible para tomar la decisión

Luego, Daniel Kahneman, doctor en psicología quien en el año 2002 recibiera el Premio Nobel de economía en conjunto con Vernon Smith, propuso un modelo de racionalidad acotada para superar las limitaciones de la gente que supuestamente es perfectamente racional, indicando que el cerebro opera básicamente en dos sistemas, los que serán explicados en el capítulo IV.

Si bien a continuación hablaremos de temas relacionados con la dirección y más aún, con el gobierno de empresas en la era de la

---

[3] Herbert A. Simon . Models of a Man. The MIT Press. (También pueden leer Administrative Behavior, a study of decision-making processes in administrative organizations. The Free Press 1997) .

aceleración, les pido a los lectores que imaginen el impacto que debió haber causado a los gobernantes del Imperio Inca, el resultado de tan errada evaluación del riesgo que constituyó la llegada de Pizarro, acompañado de unos pocos hombres y de cómo nuestra racionalidad y formas de gobiernos, nos podrían llevar a cometer un error similar.

Con esto último en mente, los insto a considerar que en materias relacionadas con el gobierno de las empresas, los directorios deben estar preparados no solo para ser capaces de "detectar" oportunidades y amenazas que no han sido evidentes, sino que para lograr que la organización se adapte a tiempo y reaccione a la velocidad requerida por la era digital.

Desde Atahualpa al Siglo XXI

Hoy en día existen muchas tecnologías que están siendo desarrolladas y cuya combinación, ya está, y seguirá produciendo, tanto oportunidades como amenazas. Algunas de estas tecnologías, no solo dejarán deslumbrados, sino que también *dislocados* los sistemas tradicionales de administración y gobierno de empresas.

Piense en los avances que está generando la Inteligencia Artificial, la Internet de las Cosas (IoT), la realidad aumentada (AR), la realidad virtual (VR), el Big Data, la digitalización, la nube, la electro movilidad, la automatización, la robotización, el *"blockchain"*, la nanotecnología, la biotecnología y la seguridad informática, solo por mencionar algunas.

¿Se siente cómodo evaluando el riesgo y el potencial que las tecnologías recientemente nombradas ofrecen a su empresa? En marzo del 2015, Tom Goodwin[4] dijo algo que estimo da una buena idea del impacto que las nuevas tecnologías pueden tener en los

---

[4] Goodwin, Tom (mar 3, 2015). "The Battle Is For The Customer Interface". Recuperado de https://techcrunch.com/2015/03/03/in-the-age-of-disintermediation-the-battle-is-all-for-the-customer-interface/

negocios de la era digital: "Uber, la mayor empresa de taxis del mundo, no es dueña de ningún vehículo. Facebook, el propietario de medios más popular, no crea contenido. Alibaba, el "retailer" más valioso, no tiene inventario. Y Airbnb, el mayor proveedor de alojamiento, no tiene propiedades".

Estamos viviendo en un entorno de negocios más incierto y cambiante que nunca, debido al resultado de una confluencia de factores entre los que destacan la globalización, la interconexión económica, la rapidez del cambio tecnológico y la internet.

Según un articulo del HBR[5] llamado "The Future and How to Survive it", las utilidades de las grandes corporaciones están iniciando un largo camino de disminución, después del cual bajarán desde casi el 10% del PIB mundial que representan actualmente al 7,9%. Los autores indican entre otras cosas, que el ambiente se está volviendo menos favorable para las empresas de América del Norte y de Europa Occidental, debido a la entrada de nuevos rivales provenientes de economías emergentes y del sector tecnológico.

Agregan que estas últimas, juegan con nuevas reglas y que incorporan la agilidad y la agresividad de la que muchas de las empresas Occidentales carecen. Finalmente indican que para mantener el liderazgo debieran:
    a) ser paranoicos
    b) buscar "capital paciente"
    c) vencer la inercia
    d) construir nuevos activos intelectuales y
    e) ir a la guerra en búsqueda de talentos.

Nada hace pensar que no se puedan repetir exitosos emprendimientos al estilo de WhatsApp, empresa que le quitó una importante fuente de ingresos a las grandes y poderosas empresas de

---

[5] Ricarhd Dobbs, Tim Koller y Sree Ramaswamy (Octubre 2015). "The Future and How to survive IT".

telecomunicaciones o el de Uber, cuyo éxito se logró a costa de mermar la utilidad de las empresas de Taxi.

Dado lo anterior, si negocios que tradicionalmente habían sido estables como el de los taxis y el de las telecomunicaciones, no pudieron anticipar las respectivas amenazas ni lograron neutralizarlas ¿qué impide que veamos nuevos fracasos tan estremecedores como los sufridos por empresas tan renombradas como Kodak, Polaroid, Blackberry o Nokia?

De esta forma, aún en pleno siglo XXI, podríamos tener empresas que navegando encandiladas por el pasado rumbo al "vórtice" del fracaso, sigan compensando -en algunos casos generosamente- a quienes serán sus sepultureros, en lugar de reaccionar y adaptar ágilmente sus organizaciones a las nuevas oportunidades. Entre los elementos que aumentan el riesgo del fracaso para las empresas que han sido exitosas, es importante destacar los siguientes:

- Estamos viviendo en una era digital y de aceleración, producto de múltiples fuerzas gigantescas, entre las que destaca el avance tecnológico que se ha producido como consecuencia de la "Ley de Moore". Pero lo que no todos entienden, es que lo que impulsa verdaderamente la transformación digital no es solo la tecnología, sino la interacción entre la estrategia y la tecnología.
- Existe un riesgo para los ejecutivos y directorios de empresas exitosas, que *encandilados* por los éxitos del pasado y por una actitud muy conservadora, mantengan modelos de negocios y aprueben planes estratégicos que no tengan posibilidad alguna de garantizar ni el éxito ni -en algunos casos- tampoco la supervivencia de sus empresas en el futuro.
- Existen empresas en las cuales las decisiones son tomadas más en base al instinto, que sobre la base de información sólida. Estas deben tener precaución de no ser víctimas de los daños que

puede generar el efecto "Hippo",[6] sigla que en inglés se refiere a *"highest paid person's opinion"*.

Para continuar, es necesario recordar que el BCG (Boston Consulting Group) desarrolló a inicios de los años 70, un método gráfico de análisis de una cartera de negocios consistente en una matriz con solo cuatro cuadrantes, que relaciona la participación de mercado -representada en el eje horizontal- con el crecimiento -en el eje vertical- y que es conocida como la Matriz BCG. En esta matriz un producto que presenta un elevado nivel de crecimiento y una elevada participación de mercado, es denominado un producto *"estrella"*. Del mismo modo un negocio que presenta una elevada participación de mercado pero un bajo nivel de crecimiento, es denominado *"vaca lechera"* y debe servir para generar el efectivo necesario para *crear nuevas estrellas*.

De vaca lechera a vaca asesina

De acuerdo al reporte anual de Kodak del año 2000,[7] durante el año 1999 se tomaron algo así como 80.000 millones de fotografías y se vendieron unas 70.000 cámaras fotográficas. Transcurrido el tiempo, se estima que durante el año 2014, se compartieron algo así como 1.500 millones de fotografías por día en todo el mundo a través de Facebook, WhatsApp y Snapchat; se vendieron cerca de 90.000 cámaras fotográficas tradicionales así como cerca de 2.000 millones de "tablets" y celulares con cámaras digitales. De los 1.200 millones de cámaras digitales que se cree se vendieron entre el año 1999 y el 2014, se estima que 1.000 millones pertenecen a usuarios de Google

---

[6] Marr, Bernand (oct. 26, 2017). "Data-Driven Decision Making: Beware of The HIPPO Effect!". Recuperado de https://www.forbes.com/sites/bernardmarr/2017/10/26/data-driven-decision-making-beware-of-the-hippo-effect/#46d8a9f580f9

[7] Kodak Annual Report Year (2000). Pág. 29.
https://bib.kuleuven.be/files/ebib/jaarverslagen/KODAK_2000.pdf

Android. Además, de acuerdo al portal de Estadística Statista,[8] se estima que para el 2018 se podrían llegar a compartir algo así como 2.500 millones de imágenes por día en el mundo.

Lo intrigante es que a inicios de los años '90 la fotografía era dominada a nivel mundial por gigantes que más tarde quebraron tales como Polaroid y Kodak, esta última inventora de la máquina fotográfica digital en 1975. También jugaban un rol destacado otras empresas tales como Canon y Nikon, las que si bien reaccionaron y entraron al mundo digital, se vieron obligadas a compartir el que pudo haber sido su gran pedazo de la torta (o del queso)[9] con actores que no jugaban rol alguno: me refiero por ejemplo a los iPhones y Galaxys de la mano del iOS y del Android, respectivamente.

Más allá de las válidas explicaciones basadas en teorías asociadas a la innovación [10] cómo por ejemplo, la planteada brillantemente por el profesor de Harvard Business School, Clayton M. Christensen, [11] queda una sensación de frustración con la efectividad observada por los directorios de las empresas en cuestión, que motiva el plantear preguntas tales como las siguientes:

- ¿Qué impidió a las empresas citadas a modo de ejemplo el utilizar el prestigio y los cuantiosos recursos con que contaban, para haber sido hoy en día un actor relevante en el mercado de los teléfonos celulares "fotográficos" que se usan en la actualidad?
- ¿Qué dinámica de funcionamiento utilizaron los directivos que les impidió maniobrar hacia una posición que no sólo les diera continuidad, sino que también les permitiera mantener el liderazgo en el mundo de la fotografía?

---

[8] Recuperado de http://www.statista.com/topics/1164/social-networks/

[9] Spencer, Johnson (September 8, 1998). "Who Moved my Cheese". G. P. Putnam's Sons. Estados Unidos.

[10] Recuperado de http://www.reportr.net/2012/01/19/what-kodak-teaches-us-about-disruptive-innovation/

[11] Clayton M., Christensen and Michael, Raynor (2003). "The Innovator's Solution". Harvard Business School Publishing Corporation. (Para quienes deseen aprender sobre innovación disruptiva).

- ¿Por qué Kodak no fue capaz de liderar y rentabilizar la tecnología digital, a pesar de contar entre sus filas a Steven Sasson, quien en 1975 creó la cámara digital y de disponer de enormes sumas de dinero para la innovación?
- ¿Por qué Kodak no aprovechó los numerosos activos que no estaban amenazados por el cambio tecnológico (como su credibilidad y llegada a los consumidores, los elementos ópticos que fabricaba, su capacidad de manufactura de carcasas metálicas, su gran conocimiento de procesos químicos, y otros) para desarrollar una respuesta estratégica efectiva?
- ¿Por qué Kodak no hizo uso de la enorme capacidad financiera y tecnológica para desarrollar negocios cercanos al negocio base y asegurar su subsistencia?

Empresas *encandiladas* con capacidad de reacción *dislocada*

Pero Kodak no es una excepción, existen otras empresas que también han sido victimas de importantes errores de gobierno en la era digital.

La era de la aceleración, está demostrado ser muy desafiante para los directorios de las empresas, puesto que no solo hace difícil compatibilizar la incorporación de las nuevas tecnologías con las demandas del mercado y con los modelos de negocios; sino que también permite romper los silos de las industrias y con ello, facilita la aparición de competidores desde lugares (o industrias) impensados: permite la aparición de competidores indetectables.

Un ejemplo interesante de considerar es el WhatsApp. El modelo de negocios de esta última, generó un "ataque" directo al corazón de una industria tecnológica que no solo no lo supo anticipar ni detectar la amenaza, sino que además demoró tanto en reaccionar, que el beneficio del atacante fue captado por una empresa que estaba en otra industria.

WhatsApp, fundada el año 2009 por Brian Acton y Jan Koum, dos ex empleados de Yahoo!, comenzó ofreciendo un servicio de mensajería gratuito que competía con los mensajes de texto (SMS) que entregaban las empresas telefónicas. Luego incorporó la comunicación de voz, para continuar más tarde incorporando además la comunicación por video. No deja de llamar la atención el hecho que el servicio desarrollado por WhatsApp, no solo no hubiera sido desarrollado al interior de alguna de las grandes empresas telefónicas del mundo, sino que además una vez detectado, no hubiera sido adquirido por una de ellas.

WhatsApp, con solo 55 empleados y 417 millones de usuarios, fue comprada el 19 de Febrero del 2014 por Facebook en U$ 19.000 millones. No por Telefónica, ni por China Mobile, ni por Deutsche Telekom u otro gigante de las telecomunicaciones y de acuerdo a la empresa de inteligencia de negocios OVUM[12], los servicios OTT (over-the-top) ofrecidos por empresas como WhatsApp y Skype, entre otras, le costarán a la industria de las telecomunicaciones en general, entre el año 2012 y el 2018, algo así como U$ 386.000 millones.

La idea de iniciar el libro con estas breves reflexiones relativas gigantes de sus respectivas industrias, de amplio reconocimiento global, no es la de llevar a cabo una *autopsia*. Muy por el contrario, sólo pretenden servir de ejemplo *estremecedor* para plantear a todos quienes tienen responsabilidad en el Gobierno y en la administración de empresas lo siguiente:

- si una empresa con los recursos, capacidad innovadora y el posicionamiento que tenía Kodak falló en darle continuidad y en reconvertir el negocio ¿qué le hace pensar que su empresa –la que probablemente cuente con menores capacidades, reconocimiento y recursos- no está en riesgo de ser también *encandilada* por su pasado y permitir que su capacidad de

---

[12] http://fortune.com/2014/06/23/telecom-companies-count-386-billion-in-lost-revenue-to-skype-whatsapp-others/

reacción sea *dislocada* por la mala evaluación, sufriendo también un destino fatal?
- Si toda una industria como la de telecomunicaciones, con el conocimiento tecnológico, el capital y la presencia multinacional no supo reaccionar a tiempo a una amenaza que no logró detectar y que una vez detectada no supo evaluar correctamente ¿qué le hace pensar que su empresa, *encandilada* por sus resultados, no está en riesgo de repetir un error de detección y reacción del mismo nivel, *dislocando* la capacidad de reacción ?

Consideraciones para adaptarse a la era digital

La industria del siglo XIX vivió la incorporación de máquinas de vapor, las que producían una gran fuerza mecánica, que luego era transmitida dentro de las respectivas plantas de producción, a través de correas y ejes. El impacto en productividad alcanzado por esta tecnología fue tan elevado, que de acuerdo a Erik Brynjolfsson y Andrew McAfee del MIT, la introducción de la máquina de vapor, es el invento que ha generado el mayor impacto en la historia de la humanidad.[13]

Inercia Empresarial

Sin embargo, cuando la tecnología de la electricidad estaba en condiciones de reemplazar la maquinaria de vapor, el cambio demoró más de lo que se hubiera esperado.

---

[13] Brynjolfsson, Erik y McAfee, Andrew (2014). "The Second Machine Age: Work, Progress, and Prosperity in a Time of Brilliant Technologies". W.W. Norton & Company. Page 6, position 136.

El economista y profesor emérito de la Universidad de Stanford, Paul A. David[14] estableció que el uso de la electricidad en las aplicaciones industriales, demoró entre 30 y 40 años en generar los aumentos de productividad potenciales de su ventaja tecnológica. Lo anterior, debido a que si bien las empresas reemplazaron los motores a vapor por motores eléctricos, lo hicieron manteniendo las ubicaciones y el diseño de planta[15] propio de las máquinas de vapor. Es decir, la generación de empleados que fue formada en la era del vapor, tuvo que dejar de trabajar para permitir que la nueva generación pudiera modificar la lógica de trabajo y con ello hacer uso de las máquinas eléctricas, conforme a las nuevas capacidades que ofrecían.

Tal como se analizará en el capítulo siguiente, hoy en día existen una serie de tecnologías avanzando a una velocidad muy elevada. No cabe duda que la combinación de los avances con los nuevos requerimientos de los clientes, creará nuevas oportunidades de negocios, las que también amenazarán con destruir las organizaciones que no se encuentren bien preparadas para adoptar las nuevas tecnologías y para adaptar las organizaciones y sus modelos de negocio, a tiempo. Cabe recordar que ya en 1942 Joseph A. Shumpeter estableció que la "destrucción creadora" era un un elemento esencial para el capitalismo[16].

Es importante comprender que antes de la revolución digital, la tecnología jugaba en muchas empresas un rol secundario. De hecho, era vista más bien como un elemento facilitador de los procesos existentes que, como una herramienta capaz de impulsar los negocios actuales y de crear nuevos negocios. Pero al parecer,

---

[14] David, Paul A, 1990. "The Dynamo and the Computer: An Historical Perspective on the Modern Productivity Paradox," American Economic Review, American Economic Association, vol. 80(2), pages 355-361, May.

[15] Brynjolfsson, Erik y McAfee, Andrew (2014) "The Second Machine Age: Work, Progress, and Prosperity in a Time of Brilliant Technologies". W.W. Norton & Company. Pág. 102, posición 1513.

[16] Schumpeter, Joseph A. (1994) [1942]. Capitalism, Socialism and Democracy. London: Routledge. pp. 82–83. ISBN 978-0-415-10762-4.

estamos repitiendo el error que vivieron en el cambio de era de vapor a eléctrico. Un artículo publicado por McKinsey en Julio del 2018 se titula "Memo al CFO: Ponte al frente de las finanzas digitales o vete de vuelta" [17] y plantea que las empresas están viviendo recién las primeras etapas de la aplicación de tecnologías digitales para financiar procesos en formas tales que sean capaces de crear mayores eficiencias, más conocimiento, así como valor en el largo plazo. De hecho, si se observa la realidad, se podrá constatar que no es raro que el ERP esté en las empresas mayormente orientado a cumplir tareas asociadas más bien a la contabilidad, con dependencia del Gerente de Administración y Finanzas (CFO), ejecutivo al cual se le paga para limitar los riesgos de la empresa y no para hacer experimentos o innovaciones.

Si las empresas "modernas" no quieren repetir el retraso que sufrieron las empresas que utilizaban motores de vapor en incorporar los motores eléctricos, utilizando estos últimos con las mismas restricciones que tenían los de vapor y por casi cuarenta años; deben tomar medidas para comprender al menos a) qué ofrece la tecnología b) qué requiere el mercado y c) cuáles son las capacidades –tanto a nivel de equipos como de conocimientos y personas- que se deben incorporar.

Nuevas Fuerzas en acción

Thomas L. Friedman, en su libro "Gracias por llegar tarde"[18] plantea que estamos viviendo la era de la aceleración, caracterizada por la existencia de tres fuerzas gigantescas:

---

[17]   Chandra, Kapil; Plaschke, Frank and Seth, Ishaan (July 2018). "Memo to the CFO: Get in frint of digital finance- or get left back". Recuperado de https://www.mckinsey.com/business-functions/strategy-and-corporate-finance/our-insights/memo-to-the-cfo-get-in-front-of-digital-finance-or-get-left-back?cid=soc-web

[18]   Friedman, Thomas L. (November 22, 2016). "Thank You for Being Late: An Optimist's Guide to Thriving in the Age of Accelerations". Farrar Straus &Giroux.

i) *Ley de Moore* y las consecuencias que ha tenido en las tecnologías
ii) *Madre Naturaleza* con los efectos de clima extremo que se observan en diversas partes del planeta y
iii) *Mercado* o dicho de otra forma, a los efectos que se producen a causa de la globalización.

En mi interpretación, la combinación de estas tres fuerzas más allá de resultar disruptivas, tienen la capacidad de producir una verdadera "dislocación" de la capacidad de respuesta de las empresas, dejándolas expuestas a sufrir un daño de importancia o incluso un destino fatal.

Lideres digitales toman el liderazgo

Si se observa el listado de las cinco mayores empresas listadas en la bolsa en USA[19] entre el año 2001 y el 2016, cuyo cuadro resumen se muestra a continuación, puede apreciarse que salvo por MicroSoft -que es por lo demás una empresa tecnológica- las compañías que el 2001 lideraban el ranking ya no figuran para el 2016 y que por el contrario, se incorporaron empresas que eran pequeñas o que no existían el 2001, como es el caso de Facebook.

El 26 de Junio del 2018, tras 111 años de permanencia y tras perder un 80% de su valor, desde el año 2000 [20], GE General Electric fue sacado del "Dow Jones industrial average".

---

[19] Desjardins, Jeff (August 12, 2016). "Chart: The Largest Companies by Market Cap Over 15 Years". Recuperado de http://www.visualcapitalist.com/chart-largest-companies-market-cap-15-years/

[20] Oyedele, Akin (Jun 20, 2018). "GE is getting bootes from the Dow Jones industrial average; Here are the members of the original 1896 index". Recuperado de http://www.businessinsider.com/dow-original-companies-2016-12

Mayores empresas transadas en Bolsa

Año	Nº 1	Nº 2	Nº 3	Nº 4	Nº 5
2001	G&E 406 B U$D	MicroSoft 365 B U$D	Exxon 272 B U$D	Citi 261 B U$D	Walmart 260 B U$D
2006	Exxon 446 B U$D	G&E 383 B U$D	Total 327 B U$D	MicroSoft 293 B U$D	Citi 273 B U$D
2011	Exxon 406 B U$D	Apple 376 B U$D	PetroChina 277 B U$D	Shell 237 B U$D	ICBC 228 B U$D
2016	Apple 582 B U$D	Alphabet 556 B U$D	MicroSoft 452 B U$D	Amazon 364 B U$D	Facebook 359 B U$D

Del mismo modo, el 2 de Agosto del 2018, Apple se convirtió en la primera empresa en alcanzar una capitalización bursátil de U$ 1.000 millones de dólares y las que le siguen, son Amazon con U$ 895 millones, Alphabet con U$ 858, Microsoft con U$ 826, Facebook con U$ 509 y Alibaba con U$ 473 millones.

En complemento a lo anterior, el profesor de Yale Richard Foster [21], ha planteado que la vida media de una empresa perteneciente al S&P500 se ha reducido desde 67 años en 1920 a 15 años en la actualidad.

Cambio en las ventajas competitivas

La era digital ha hecho más económico y simple el hacer prototipos, por ejemplo haciendo uso de impresoras 3D. Este hecho reduce las ventajas comparativas que existían entre las empresas que tradicionalmente dominaba un mercado y un potencial emprendedor.

---

[21] https://www.theatlantic.com/business/archive/2015/04/where-do-firms-go-when-they-die/390249/

La profesora Rita Gunther McGrath, de la Universidad de Columbia, plantea en su libro "The End of Competitive Advantages"[22] lo siguiente:

Es probable que las estrategias que funcionaron bien para usted incluso hace unos años ya no le brinden los resultados que necesita. Los cambios dramáticos en los negocios han desenterrado una gran brecha entre los enfoques tradicionales de la estrategia y la forma en que el mundo real funciona ahora.

En resumen, la estrategia está estancada. La mayoría de los líderes utilizan marcos diseñados para una era diferente de los negocios y basados en una sola idea dominante: que el objetivo de la estrategia es lograr una ventaja competitiva sostenible. La que una vez fue la premisa sobre la que se construyeron todas las estrategias, es cada vez más irrelevante.

En complemento con lo anterior, IBM llevó a cabo un estudio en el cual entrevistó a más de 5.000 lideres de negocios, pertenecientes a más de 70 países y a 20 diferentes industrias y descubrió lo que llamó "Innovación Horizontal"[23]; la que se podría resumir diciendo que en el pasado era más fácil anticipar desde dónde vendría la competencia y que hoy en día, existe un mayor riesgo que la competencia sea invisible, hasta que sea demasiado tarde.

Fallas en Directorios

A principios del 2015, un artículo publicado en el Harvard Business Review[24] fue drástico al plantear que los directorios no

---

[22] https://www.ritamcgrath.com/books/the-end-of-competitive-advantage/
[23] http://www.onlydeadfish.co.uk/only_dead_fish/2016/06/horizontal-innovation.html
[24] Barton, Dominic and Wiseman, Mark (Jan-Feb 2015). "Where Boards Fall Short". Harvard Business Review.

estaban funcionando, dando como referencia -por ejemplo- el hecho que solo un 16% de los 772 directores entrevistados por McKinsey el año 2013, dijo que sus directorios tenían un profundo conocimiento de la industria donde operaban.

El mal funcionamiento de los directorios puede a su vez ser parte y víctima a la vez de un conjunto de otras dificultades, tales como las siguientes:

a) Incapacidad para reaccionar : Tal y como ocurrió en el caso de Kodak, el directorio que gobernaba la empresa no fue efectivo en reaccionar ante una amenaza identificada en la década del 80. Tal vez, encandilados por los buenos resultados de la unidad de "films".

b) Incapacidad para anticipar y detectar : Tal y como ocurrió por ejemplo en el caso de WhatsApp, quienes gobernaban las empresas de telecomunicaciones no anticiparon, ni detectaron, ni aprovecharon de forma alguna los beneficios que los servicios OTT generaron; dejando espacio para que Facebook entrara en su industria. Tal vez, encandilados por los buenos resultados de sus otras unidades de negocios.

c) Innovación Horizontal : Pareciera que las formulas tradicionales en uso para establecer una estrategia y controlarla, no se hacen cargo de la dificultad que existe hoy en día para detectar competidores "invisibles".

RADAR para los Directorios

Si en concordancia entonces con a) la inercia que muestran las empresas para maniobrar a tiempo, es decir para adoptar los cambios cuando son requeridos b) con las nuevas fuerzas que conviven en el mercado, que fueron planteadas por Thomas L. Friedman   c) con el liderazgo que han venido asumiendo las empresas que logran dominar las tecnologías digitales d) con los cambios en las que tradicionalmente se consideraron ventajas competitivas y e) con las falencias registradas los directorios ; las empresas estuvieran enfrentadas a un entorno en el cual las referencias "tradicionales" ya no fueran válidas, debido a la velocidad del cambio, cabría preguntarse entonces :

- ¿cómo se podría ayudar a las empresas a contar con organismos de gobierno capaces de actuar a la altura de lo requerido en tiempos en los cuales los sistemas tradicionales han sido o están con riesgo de ser *dislocados*, es decir sacados de su lugar o de contexto?
- ¿No será necesario dotar a los directorios de un mecanismo de detección y seguimiento, una especie de RADAR, que les permita detectar los riesgos y de esta manera le entregue información imprescindible para gobernar de mejor manera?

Las vacas pueden alimentar estrellas

En Enero del 2012, Kodak se acogió al "capítulo 11"[25] de la ley de quiebras estadounidense. Lo irónico es que casi en la misma fecha, el día 31 de Marzo del 2012, con motivo del cierre de su año fiscal, Fujifilms reportó ingresos por casi U$D 27.000 millones[26] (2.195 billones de Yenes).

Pero, tanto Kodak como Fujifilm se dieron cuenta en los años 80, que la fotografía en el futuro pasaría a ser digital. Ambas empresas siguieron explotando la fotografía tradicional, mientras invertían en tecnologías digitales y diversificaban en nuevas áreas. En ambas empresas, los miembros de la unidad de "película tradicional" (films) eran quienes tenían el control y en ambas empresas, se demoraron mucho en admitir que la suya (films), era una unidad de negocios que desaparecería en el futuro.

---

[25] UNITED STATES COURTS. Charpter 11 – Bankrupcy Basics. Recuperado de http://www.uscourts.gov/services-forms/bankruptcy/bankruptcy-basics/chapter-11-bankruptcy-basics

[26] Fujifilm annual report 2012. Recuperado de https://www.fujifilmholdings.com/en/pdf/investors/integrated_report/ff_ar_2012_all.

Entonces, si el pronóstico del mercado, la estrategia y la política interna eran similares ¿por qué los resultados fueron divergentes? De acuerdo a un artículo publicado por "The Economist" en Enero del 2012, la gran diferencia en el resultado final de Kodak y Fujifilm fue la ejecución:[27] "Kodak actuó como una típica empresa Japonesa resistente al cambio, mientras que Fujifilm actuó como una empresa estadounidense flexible".

Si bien a lo largo del libro se mostrarán planteamientos que pretenden servir de ayuda, en la introducción sólo quiero anticipar lo siguiente:

a) Es posible identificar numerosos ejemplos de empresas que -por diversas causas- fueron afectadas por las consecuencias de acciones y omisiones internas, que estuvieron "desconectadas" de la realidad circundante, más que por acciones de la competencia, del cambio tecnológico o del mercado.

b) Pareciera que existen accionistas, directores, socios fundadores y ejecutivos quienes desconocen que las organizaciones -en una cierta similitud a los organismos vivos- tienen ciclos vitales:[28] estas crecen, se desarrollan y adquieren madurez, luego comienzan a declinar, para más tarde envejecer y finalmente morir o, en el caso de algunas empresas, revivir.

c) Asimismo, parece no ser evidente que las ventajas competitivas que alcanzan las empresas no son permanentes, son más bien transitorias [29], por lo que luego de un tiempo se pierden. Tampoco se reconoce que las empresas desarrollan inercias que limitan su adaptabilidad.

d) El desarrollo tecnológico actual y la velocidad a la que avanzan diferentes tecnologías, obliga a los miembros de los directorios a no dejarse encandilar por los éxitos alcanzados y a estar preparados para ir revisando y adaptando la estrategia de la

---

[27] Shumpeter (Jan 18, 2012). "Sharper focus". Recuperado de https://www.economist.com/schumpeter/2012/01/18/sharper-focus

[28] Pitirim Sorokin, nacido en Rusia, vivió entre los años 1889 y 1968. Emigró en 1923 a Estados Unidos y fue profesor de Harvard entre 1930 y 1959. En esta universidad, fue el fundador del departamento de sociología y desarrolló un importante trabajo en temas relativos a la teoría de los ciclos sociales.

[29] Rita Gunther McGrath. "Transient Advantage". HBR June 2013.

empresa de la mano con los potenciales que ofrecen las nuevas tecnologías.

Desde el punto de vista tradicional y que no debe ser descuidado, un aspecto que resulta frustrante es que más allá de las causas aparentes para la desaparición de algunas empresas, muchas veces los fracasos no se originaron por causas "del mercado" sino que debido a causas más bien ubicadas al interior de la empresa. Es decir, fueron víctimas de lo que un aficionado al fútbol llamaría más bien un "autogol" o un tenista un "error no forzado".

Desde el punto de vista de los desafíos que genera el desarrollo tecnológico, otro aspecto frustrante es que algunos fracasos en renombradas empresas pudo haberse evitado, de haber implementado una estrategia diferente.

Piense en Toys "R" Us. Fundada en 1948 como fábrica de muebles para niños, fue convertida a la juguetería que a muchos nos cautivó, por Charles Lazarus en 1957. Tras décadas de éxitos se acogió al capítulo 11 de la ley de quiebras en Septiembre del 2017, tras años de caídas en las ventas y de aumentos en las deudas. Mientras que la intensa competencia de precios de los minoristas masivos tales como Walmart, Amazon y Target contribuyó a los problemas de la compañía, Toys "R" Us no innovó en su modelo de negocio, no incorporó tecnología ni se adaptó al comportamiento cambiante de los consumidores[30].

Las situaciones vividas por empresas como Kodak, o por las empresas telefónicas en la forma que enfrentaron a WhatsApp o por Toys "R" Us dejan una sensación de haber sido *lentas por diseño*. Eric Schmidt y Jonathan Rosenberg en el libro "How Google Works" indican que muchas compañías son administradas para minimizar

---

[30] http://knowledge.wharton.upenn.edu/article/the-demise-of-toys-r-us/#

riesgos y no para maximizar su libertad y velocidad[31]. Agregando que la información es más bien empaquetada que compartida y que las líneas de poder hacen que las decisiones estén en manos de unos pocos.

En términos simples, como explica Scott Brinker en la llamada Ley de Martec, el cambio al interior de las empresas ocurre a una velocidad menor a la cual evoluciona el cambio tecnológico y los consumidores que utilizan las nuevas tecnologías[32].

---

[31] Neil Perkin y Peter Abraham. Building the Agile Business throught digital TRansformation: how to lead digital transformation in your workplace. April 2017. Página 32.

[32] https://chiefmartec.com/2016/11/martecs-law-great-management-challenge-21st-century/

Por lo tanto, el planteamiento del presente libro es que las empresas necesitan contar con un directorio con la capacidad, habilidad, conocimientos y dedicación necesarios para ayudar a la gerencia a enfrentar las dinámicas de la era digital; para ir *adaptando a tiempo* la empresa y su cultura a los cambios que exige el mercado, mientras va convirtiendo las amenazas internas y externas en oportunidades. Es decir, gobernando bien la empresa.

El desafío que enfrentamos es el de crear los mecanismos necesarios para que la adaptabilidad humana y en este caso de las empresas, reaccione conforme la velocidad del cambio tecnológico. Será vital entonces el contar con directorios conformados por gente competente y que mantenga una dinámica de trabajo adecuada, a la que llamaré "*actitud vigilante*".

Es importante aclarar que no sugiero que sea conveniente el *redoblar* la administración de la empresa. La idea es que en consideración a la continua evolución que sufre el mercado y a la aceleración del cambio tecnológico, es importante contar con un grupo experimentado y conocedor del negocio, que ayude a los ejecutivos a cargo de la administración de la empresa a que se tomen las acciones necesarias para que esta alcance su *máximo desarrollo potencial* (MDP).

¿Qué pueden esperar del presente libro?

Este libro ha sido escrito desde una perspectiva práctica, combinando visiones y modelos desarrollados por múltiples expertos, así como ejemplos reales, para facilitar la comprensión de los puntos a resaltar. La información que resume solo pretende hacer ver que empresarios, ejecutivos y directores -por exitosos que hayan sido en el pasado- están expuestos a cometer omisiones y errores, que incluso pueden llegar a resultar fatales para sus respectivas organizaciones.

Si me acompañan en su lectura, trataré de convencerlos que -para no ser encandilados por la era digital- deben actuar no solo adoptando las tecnologías adecuadas, sino que también hacerlo implementando buenas estrategias así como prácticas de gobierno corporativo adecuadas.

En el capítulo II se han resumido diferentes formas de enfrentar el desafío de la era digital, desarrollados por destacados pensadores, los que estimo serán de utilidad para hacerse las preguntas adecuadas en cada empresa.

En el capítulo III se presentará, a la luz de la dificultad que tienen los actuales sistemas humanos para adaptarse al cambio tecnológico, una herramienta que pretende servir de instrumento a los directorios para mejorar el gobierno: se trata de un RADAR sintonizado para la detección de las amenazas y de las oportunidades, para los directorios.

En el capítulo IV reiteraré la vigencia de principios básicos, en el gobierno de las empresas. Insistiré en que los errores que cometen las empresas, son más bien consecuencia de las decisiones o indecisiones (internas) más que de las circunstancias (externas), puesto que la adaptación es una decisión interna. Argumentaré que muchas veces las empresas anidan un potencial sub-aprovechado y que, por lo mismo, pueden mejorar su funcionamiento si cuentan con un directorio -bien constituido- que se enfoque en la estrategia, que trate de entender las dinámicas asociadas al desarrollo tecnológico y que imponga una dinámica de trabajo adecuada, con un sesgo *paranoico*, a lo que llamaré "actitud vigilante".

Hecho todo lo anterior, espero que la información expuesta a lo largo del libro no de respuestas, pero si los prepare para hacer las preguntas adecuadas para el éxito de sus respectivas empresas.

Espero que el libro resulte de su interés.

Nota 1: El libro está pensado para ayudar a directorios de empresas que ya tiene un cierto grado de madurez. Es decir aquellas que Adizes – en el Capítulo IV- denomina en una etapa de Plenitud o incluso Madurez; no para emprendimientos.

Nota 2 : Más allá del Radar, sugiero también tener en consideración la opinión del Dr. Adolfo Gutierrez: "La razón por la que las grandes empresas no pueden reaccionar es -en algunos casos- también debido a fricciones políticas. En ellas, los profit centers ejercen mucho poder incluso en el proceso de decaer y todas subestiman el efecto en 10yrs que tienen empresas y tecnologías emergentes. Los VC cambiaron a la ecuacion de poder. Startups bien financiados concentran un volumen enorme de recursos en los flancos más débiles de las empresas establecidads, por ello empresas emergentes le roban los mercados más rentables, a menudo emergentes, mientras las establecidas se afanan en defender todos sus mercados, casi sin importar de proyecciones futuras. El poder político de 1.000 empleados y sus managers es enrome, aún cuando sus ventas estén estancadas. Ellos son quienes obstruyen activamente a los equipos más visionarios en las empresas que aún cuando pequeños y con pérdidas, pueden generar el momentum para la próxima etapa.

Nota 3: Cuestión de Género, a lo largo del libro se habla de director, dueño o gerente, de manera genérica y por lo tanto debe entenderse que también podrían ser posiciones ocupadas por mujeres.

II. DESCOLOCADOS POR LA TECNOLOGÍA

> Podemos ignorar la realidad,
> Pero no podemos ignorar las consecuencias
> de ignorar la realidad.
> *Ayn Rand*

> De eso trata el aprender.
> Sorpresivamente entiendes algo que ya comprendías,
> pero de una manera diferente.
> *Doris Lessing*

La conclusión de un estudio realizado por el MITSloan Management Review en colaboración con Deloitte University Press, "*Strategy, not Technology, Drives Digital Transformation*", es la siguiente:

> "Las empresas con madurez digital se comportan de manera diferente a sus pares menos maduros. La diferencia tiene menos que ver con la tecnología y más que ver con los fundamentos del negocio. Las organizaciones con madurez digital están comprometidas con la transformación de estrategias apoyadas por culturas colaborativas que están abiertas a tomar riesgos. Igualmente importante, los líderes y empleados en las organizaciones con madurez digital, tienen acceso a los recursos que necesitan para desarrollar habilidades y conocimientos digitales".[33]

---

[33] Kane, Gerald; Palmer, Doug; Philips, Anh; Kiron, David and Buckley, Natasha (Summer 2015). "Strategy, not Technology, Drives Digital Transformation.

El informe, desarrollado tras entrevistar a 4.800 ejecutivos de 27 industrias y 129 países, concluye que un negocio no se puede reinventar digitalmente, a menos, que tenga por un lado a) una estrategia digital clara que cuente con el apoyo de la alta dirección y en esta última, de líderes que fomenten una cultura capaz de cambiar e inventar lo nuevo; y por otro b) que cuente con los profesionales adecuados.

Elementos relevantes en la era digital

De acuerdo a un artículo publicado por Forbes,[34] se ha estimado que si bien durante el 2017 en el mundo se crearon algo así como 16.3 ZB (Zetabytes: 10^{21} Bytes) de datos, para el año 2025 esta cifra llegará a unos 163 Zetabytes. Es decir, crecerá diez veces en solo 8 años.

Parte de este crecimiento se debe al "aporte" sincronizado de varias "leyes" que estimo es importante que conozcan y que serán mencionadas brevemente a continuación:

Ley de Moore. El 19 de Abril de 1965, Gordon Moore, quien en ese entonces era el líder de investigación de *"Fairchaild Semiconductors"* y que luego fuera uno de los co-fundadores de *Intel*, afirmó que la tecnología tenía futuro, que el número de transistores por unidad de superficie en circuitos integrados se duplicaba cada año y que la tendencia continuaría, al menos durante los siguientes diez años.[35]

Becoming a digitally mature enterprise". Recuperado de https://www2.deloitte.com/content/dam/Deloitte/es/Documents/tecnologia/Deloitte_ES_Tecnologia-Strategy-not-techonology.pdf

[34] Cave, Andrew (Apr 13, 2017). "What Will We Do When The World's Data Hits 163 Zettbytes In 2025?" Recuperado de https://www.forbes.com/sites/andrewcave/2017/04/13/what-will-we-do-when-the-worlds-data-hits-163-zettabytes-in-2025/#4f8cbfb4349a

[35] https://es.wikipedia.org/wiki/Ley_de_Moore

Más tarde, en 1975, modificó su propio planteamiento indicando que el ritmo bajaría, y que la capacidad de integración no se duplicaría cada 12 meses sino cada 24 meses aproximadamente. Este periodo a veces se cita equivocadamente como 18 meses debido al ejecutivo de Intel David House, quien predijo que el desempeño del chip se duplicaría cada 18 meses (siendo una combinación del efecto de más transistores y los transistores siendo más rápidos). Esta progresión de crecimiento exponencial, duplicar la capacidad de los circuitos integrados cada dos años, es lo que se denomina ley de Moore.

Sin embargo, en 2007 el propio Moore determinó una fecha de caducidad: «Mi ley dejará de cumplirse dentro de 10 o 15 años», según aseguró durante la conferencia en la que afirmó, no obstante, que una nueva tecnología vendrá a suplir a la actual.

La consecuencia directa de la ley de Moore es que los precios bajan al mismo tiempo que las prestaciones suben. Actualmente esta ley se aplica a ordenadores personales y teléfonos móviles o celulares. Sin embargo, cuando se formuló, no existían los microprocesadores los que fueron inventados en 1971; ni los ordenadores personales los que fueron popularizados en los años ochenta; ni la telefonía celular o móvil.

El que fuera hasta Junio del 2018 el CEO de Intel, Brian Krzanich, resumió el impacto que ha tenido la llamada "Ley de Moore" explicando que los ingenieros de Intel calcularon que si un Volkswagen Beetle hubiera evolucionado de la manera que lo hizo el procesador 4004 de 1971 en relación con el Core i5 del 2015, el auto podría correr a 300.000 millas/hr (483.000 km/hr), con un rendimiento de 2 millones de millas por galón de combustible (3,2 millones de km con 3,8 litros) y a un costo de 4 centavos de dólar.

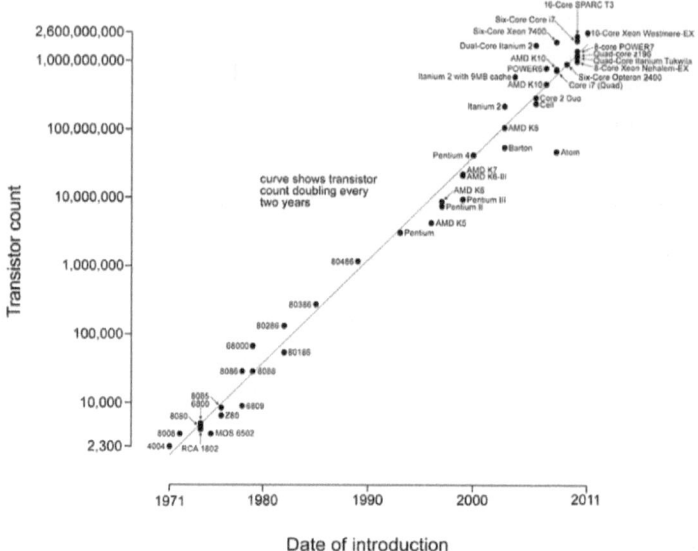

Fuente: OFFGRID[36]

Pero la Ley de Moore además sirvió de impulso para otros avances notables en tecnologías que podríamos llamar hermanas y que se mencionan a continuación.

Ley de Koomey's, establece que la energía de computación se reduce a la mitad cada 18 meses. Esta tendencia -menos conocida- en la eficiencia energética (eléctrica) ha sido notablemente estable desde

---

[36] Mccarthy, Patrick (May 2, 2017). "INFOGRAPHIC: THE GROWTH OF COMPUTER PROCESSING POWER. OVER THE LAST SIX DECADES, COMPUTING POWER HAS SKYROCKETED, AND IT'S NOT SLOWING DOWN YET". Recuperado de https://www.offgridweb.com/preparation/infographic-the-growth-of-computer-processing-power/#

la década de los 50, mucho antes de que se inventara el microprocesador. De hecho es más "acelerada" que la Ley de Moore, dado que según la Kooney el número de cálculos por kilovatio-hora se duplica aproximadamente cada 1,57 años, en comparación con el de Moore, que en este momento se duplica más cerca de cada dos años.

Ley de Kryder's, es el equivalente en términos de almacenamiento de datos a la ley de Moore. Afirma que la capacidad para "meter" la mayor cantidad de bits posible en discos duros también se duplica aproximadamente cada 18 meses.

En 1980, Seagate introdujo la primera unidad de disco duro de 5,25 pulgadas del mundo (¿recuerdan los disquetes?) los que podría almacenar hasta 5 MB de datos a un precio de 1500 dólares. 35 años después, se podía comprar una unidad de 6.000 GB de la misma compañía por $ 600. Eso representa un aumento de un millón en la capacidad, combinado con una disminución de siete veces en el precio (considerando la inflación). Ni siquiera los chips de silicio pueden alardear de ese tipo de progreso.

Ley de Butters, dice que la cantidad de datos que "sale" de una fibra óptica se duplica cada nueve meses, lo que significa que el costo de transmisión de una pieza de datos en una red óptica disminuye a la mitad durante el mismo período de tiempo. Desafortunadamente, esa tasa de progreso no se llega por entero a los consumidores: la Ley de Nielsen establece que el ancho de banda disponible para el promedio de usuarios domésticos solo se duplica una vez cada 21 meses. Aun así, es una función exponencial y es la razón por la cual las empresas de telecomunicaciones han podido hacer tanto dinero al tiempo que reducen el costo del tráfico de datos.

Ley de Cooper's, es incluso más notable que la Ley de Moore. La primera transmisión de radio fue realizada por Marconi en 1895. La tecnología de radio hace un siglo solo permitía realizar unas 40 conversaciones por separado en la superficie de la tierra. La efectividad de las comunicaciones personales ha mejorado en más de un billón de veces desde entonces. A modo de ejemplo, a continuación se presenta una tabla en la cual se resumen aspectos relevantes asociados a los avances en la tecnología de la telefonía celular:

Generación	1G	2G	3G	3.5G	4G	5G
Inicio	1970 - 1980	1990-2000	2001-2004	2004-2005	2011-	>2020
Ancho de banda	2 Kbps	64 Kbps	144 Kbps	> 2 Mbps	200 Mbps a 1Gbps	> 1 Gbps
Tecnología	Celular análogo	Celular digital	GPRS, EDGE, CDMA	EDGE, WI-FI	WIMax, LTE, WI-FI	

Fuente: Resumido por el autor

Ley de Haitz's, establece que cada década la cantidad de luz generada por los LED (*"light emission diods"* o diodos de emisión de luz) aumenta en un factor de 20 y que el costo por lumen (unidad de luz útil emitida) disminuye en un factor de diez, para una determinada longitud de onda de luz.

Las mejoras exponenciales en la tecnología LED significan que se está convirtiendo en la forma dominante para producir luz. En los hogares se tiene iluminación más brillante y eficiente a un costo menor, mientras que comercialmente significa que la iluminación LED ahora se puede usar para aplicaciones más especializadas, como por ejemplo la iluminación de estadios grandes y anfiteatros. Todo lo anterior se traduce en un menor consumo de electricidad así como en una reducción en las emisiones de carbono en general y el uso de toxinas utilizadas en la tecnología de iluminación antigua, como el mercurio. No es sorprendente que este tipo de tecnologías estén mejorando tan rápidamente. Todas funcionan con silicio, la base de los materiales semiconductores que se encuentran en las computadoras y en las redes de comunicaciones.

Ley de Metcalfe

Fue concebida por George Gilder, pero se le atribuye a Robert Metcalfe [37], coinventor de Ethernet (1980). Habla tanto del crecimiento en la cantidad de conexiones como del valor. Dado que Internet, tal como la conocemos hoy, no existía cuando se formuló la Ley, se refería más al valor de los dispositivos en general. Por ejemplo, tener una sola máquina de fax inútil. Cuando hay dos máquinas de fax, puede comunicarse con otra persona, pero cuando hay millones, el dispositivo tiene algún valor.

Con el tiempo, la Ley de Metcalfe se vinculó con el crecimiento sustancial de Internet y su funcionamiento en línea con la Ley de Moore. El concepto es similar al concepto de negocio de un "efecto de red", ya que el valor de una red proporciona tanto un valor adicional como una ventaja competitiva. Por ejemplo, eBay puede o no haber tenido el mejor sitio web de subastas, pero es evidente que tenían la mayoría de los usuarios. Debido a que es tan difícil de replicar, el poder de la red expulsa a la competencia.

La Ley de Metcalfe es un concepto usado en redes de computadoras y telecomunicaciones para representar el valor de una red. La Ley de Metcalfe establece que el impacto de una red es el cuadrado de la cantidad de nodos en la red. Por ejemplo, si una red tiene 10 nodos, su valor inherente es 100 (10 * 10). Los nodos finales pueden ser computadoras, servidores y / o usuarios conectados.

---

[37] https://www.techopedia.com/definition/29066/metcalfes-law

Gap entre crecimiento empresarial y el desarrollo tecnológico

Dadas las "leyes" que han sido expuestas, si la tasa de crecimiento de la densidad de los transistores es exponencial, al igual que la tasa de crecimiento del almacenamiento de datos, de la luminosidad de los LEDs, de la creación de los mismos datos, así como de la velocidad de transmisión de estos es exponencial; y por otro lado, la tasa de crecimiento de los negocios tradicionales es lineal y además típicamente moderada ¿qué se puede esperar que ocurra con la diferencia (el GAP) entre ambas tasas de crecimiento?

Pareciera ser evidente, que existen emprendedores de la "era digital" interesados y capaces de ocupar el espacio que existe entre la exponencial tasa de crecimiento de las tecnologías y la moderada tasa de crecimiento de las empresas "tradicionales". Lo anterior, supone un riesgo para aquellas empresas que, encandiladas por los éxitos del paso, se vean impedidas de reaccionar a tiempo.

Origen de las dificultades

La mente humana no funciona bien con los crecimientos exponenciales -como los planteados por la Ley de Moore- y tiene problemas para proyectar el impacto de este tipo de tendencias.

Cuenta la leyenda,[38] que hace mucho tiempo reinaba en cierta parte de la India un rey llamado Sheram. Que, en una de las batallas en las que participó su ejército, el rey perdió a su hijo, hecho que lo dejó profundamente consternado al nivel que nada de lo que le ofrecían sus súbditos, lograba alegrarle.

---

[38] Artacho, Amadeo (10 marzo, 2014). "La leyenda del tablero de ajedrez y los granos de trigo". Recuperado de
https://matematicascercanas.com/2014/03/10/la-leyenda-del-tablero-de-ajedrez-y-los-granos-de-trigo/

Un buen día un tal Sissa se presentó en su corte y pidió una audiencia. El rey la aceptó y Sissa le presentó un juego que, aseguró, conseguiría divertirle y alegrarle de nuevo: el ajedrez. Después de explicarle las reglas y entregarle un tablero con sus piezas, el rey comenzó a jugar y se sintió maravillado: jugó y jugó y su pena desapareció en gran parte.

El rey Sheram -agradecido por tan preciado regalo- le dijo a Sissa que como recompensa pidiera lo que deseara. Sissa, tras pensarlo le pidió que le diera granos de trigo de manera que en el primer cuadro del tablero le diera uno, en el segundo dos, en el tercero cuatro, en el cuarto ocho y así sucesivamente...

El rey consideró que la petición era indigna de su generosidad y le dijo lo siguiente: "Al pedirme tan mísera recompensa, menosprecias -irreverente- mi benevolencia. Como sabio que eres, deberías haber dado mayor prueba de respeto ante la bondad de tu soberano". Recibirás el trigo correspondiente a las 64 casillas del tablero de acuerdo con tu deseo: por cada casilla doble cantidad que por la precedente. Retírate.

Pero la verdad es que era el rey y no Sissa quien había menospreciado la cantidad de trigo que había comprometido, puesto que en realidad alcanzaba los 18.446.744.073.709.551.615 granos.

	1	2	3	4	5	6	7	8
1	1	2	4	8	16	32	64	128
2	256	512	1.024	2.048	4.096	8.192	16.384	32.768
3	65.536	131.072	262.144	524.288	1.048.576	2.097.152	4.194.304	8.388.608
4	16.777.216	33.554.432	67.108.864	134.217.728	268.435.456	536.870.912	1.073.741.824	2.147.483.648
5	4.294.967.296	8.589.934.592	17.179.869.184	34.359.738.368	68.719.476.736	137.438.953.472	274.877.906.944	549.755.813.888
6	1,09951E+12	2,19902E+12	4,39805E+12	8,79609E+12	1,75922E+13	3,51844E+13	7,03687E+13	1,40737E+14
7	2,81475E+14	5,6295E+14	1,1259E+15	2,2518E+15	4,5036E+15	9,0072E+15	1,80144E+16	3,60288E+16
8	7,20576E+16	1,44115E+17	2,8823E+17	5,76461E+17	1,15292E+18	2,30584E+18	4,61169E+18	9,22337E+18

$T_{64} = 1 + 2 + 4 + 8 + 16 + 32 + \ldots + 9{,}2 \times 10^{18}$

$T_{64} = 18.446.744.073.709.551.615$ granos

Considerando que existen unos 25.000 granos de trigo por kilogramo -aproximadamente- y utilizando como referencia la producción mundial de trigo obtenida de la cosecha 2013-2014, la que alcanzó las 708.891.000 Tm, se podría decir que la cantidad de granos comprometidos por el rey equivalen a 737.869.762.948 Tm y a la producción mundial de granos de unos 1.044 años[39].

$$\frac{737.869.762.948\ Tm}{708.891.000\ Tm/año} = 1.044\ años$$

Si bien existen diferentes versiones y finales de la presente historia, quisiera advertirles que muchas empresas están en riesgo de evaluar de manera errada la realidad que está viviendo, tal como le ocurrió al rey Sheram. Por un lado, el cerebro humano, no es rápido para resolver cálculos no lineales, lo que nos expone a llevar a cabo evaluaciones erradas, arriesgándonos a ser completamente "dislocados por la era digital".

En línea con lo anterior, la ley de Moore cumplió 50 años el 2015 y en términos del tablero de ajedrez, si consideramos que en promedio la velocidad de procesamiento se ha doblado a lo largo de 50 años cada 2 años, podríamos decir que estamos entrando a lo que se podría denominar "la segunda parte del tablero". Es decir, a un mundo en el cual el cerebro humano no logra proyectar las implicancias de las cantidades asociadas a los avances futuros.

En un esfuerzo por desarrollar mecanismos de gobierno de empresas efectivos para la actual era de la "aceleración", a continuación se expondrá un resumen de las conclusiones que han publicado destacados pensadores en la materia.

---

[39] https://matematicascercanas.com/2014/03/10/la-leyenda-del-tablero-de-ajedrez-y-los-granos-de-trigo/

Lo Inevitable[40]

Kevin Kelly, fundador y director ejecutivo de la revista "Wired", plantea que existen doce tendencias que son inevitables:

"Becoming"	"Cognifying"
"Flowing"	"Screening"
"Accessing"	"Sharing"
"Filtering"	"Remixing"
"Interacting"	"Tracking"
"Questioning"	"Beginning"

"Becoming": Volverse otra cosa. Pasar de productos fijos a servicios y suscripciones que están siempre actualizadas. Para Kelly, dada la velocidad de los cambios exponenciales a los cuales estamos expuestos, todos nos hemos vuelto novatos, sin importar la experiencia que creamos tener.

"Cognifying": Agregar conocimiento con inteligencia artificial. Hacer todo mucho más inteligente usando inteligencia artificial (IA) potente y económica desde la nube. Para Kelly, hay tres elementos que han acelerado el desarrollo de la IA: i) procesamiento en paralelo a bajo costo ii) big data iii) mejores algoritmos.

"Flowing": Fluyendo. Se refiere a cambio constante. Significa que los procesos son más importantes que los productos. Pasamos del modo diario al tiempo real. Tenemos dependencia de las transmisiones en tiempo real, para todo. Nuestra atención se ha movido desde la

---

[40] Kevin, Kelly (2017). "The Inevitable: Understanding the 12 Technological Forces That Will Shape Our Future". Penguin Books.

posesión de bienes "materiales" al flujo de bienes intangibles. Los valores son: i) inmediatez   ii) personalización   iii) interpretación   iv) autenticidad   v) accesibilidad   vi) corporización   vii) apadrinamiento y   viii) capacidad para descubrir.

"Screening": Vivir en las pantallas. Convirtiendo todas las superficies, en pantallas. Las personas de esta era, prefieren la multitarea, el procesamiento en paralelo, leer textos en forma no lineal y las imágenes por sobre las palabras.

"Accesing": Accediendo. Cambiar desde una sociedad en la que poseemos activos, a otra en la que -en cambio- tendremos acceso a los servicios en todo momento. El acceso pasa a ser más importante que la propiedad, dado que en un mundo de permanente cambio y actualizaciones, ser propietario deja de tener el sentido que tenía en el pasado. Identifica cinco tendencias que acelerarán la transición desde tener a acceder: i) desmaterialización   ii) demanda en tiempo real   iii) descentralización iv) plataformas sinérgicas   v) la nube.

"Sharing": Compartiendo. Se favorecen las colaboraciones a gran escala. La economía del compartir incluye también el compartir la propiedad. Para Kelly, todo lo que pueda ser compartido lo será de manera más rápida, más económica y de formas que aún no conocemos.

"Filtering": Filtrando. Aprovechar una personalización profunda para anticipar nuestros deseos. En un mundo donde la información es abundante, lo que resulta escaso; por lo tanto, donde fluya nuestra atención, fluirá el dinero.

"Remixing": Mezclando nuevamente. Separar los productos existentes en sus partes más primitivas y luego recombinar de todas las formas posibles. La idea es que la innovación surge del desarrollo de prototipos basados en las tecnologías existentes, las cuales al ser re combinadas, permiten el surgimiento de nuevas tecnologías.

"Interacting": Interactuando. Sumergirnos dentro de nuestras computadoras para maximizar su capacidad de apoyarnos y llegar a que todos los dispositivos interactúen. Para Kelly, el futuro de las nuevas tecnologías depende de la capacidad para descubrir nuevas interacciones, en las cuales tanto la realidad aumentada como la realidad virtual, estarán presentes.

"Tracking": Rastreando. Emplear la capacidad de dar seguimiento a todo lo que sea posible en beneficio de los ciudadanos y los consumidores. Esto incluye no solo la posición geográfica, sino que temas asociados a dietas, salud, descanso, etc. Para Kelly, la vigilancia será tanto inevitable como ubicua.

"Questioning": Preguntándose. Promover buenas preguntas es mucho más valioso que buenas respuestas. Kelly considera que las nuevas invenciones generan nuevo desconocimiento, el cual tiene que ser descubierto mediante buenas preguntas.

"Beginning": Comenzando. Kelly considera que lo inevitable marca el inicio de algo mayor, que no vemos ahora. Se generará una nueva forma de pensar, habrá nuevos progresos y con estos últimos, también nuevos daños que mitigar.

Las Jugadas de la Transformación digital[41]

La transformación digital tiene el potencial de ser disruptiva y de serlo de muchas maneras diferentes. David Rogers, profesor de la Universidad de Columbia y autor del libro "Digital Playbook" habla de cinco dominios -los cuales deben ser utilizados por las empresas para ser exitosas- sobre los cuales la tecnología está actuando y cambiando las reglas: datos, innovación, competencia, valor y clientes.

Datos Los datos ahora son omnipresentes en un mundo de redes sociales y de tecnologías móviles. Existen grandes -de hecho enormes- cantidades de datos que están disponibles para los beneficio de los consumidores; pero también, para que las compañías que lo deseen puedan utilizarlos para mejorar los productos y servicios que ofrecen.

Innovación Se trata de un proceso mediante el cual nuevas ideas son desarrolladas, probadas y llevadas al mercado por las empresas. En un mundo de economía digital, estamos viendo la capacidad de hacer pruebas rápidas con innovación de formas que nunca antes hemos podido ver. Esto está acelerando el ciclo de innovación y permitiendo a las empresas realizar experimentos en tiempo real con sus productos y ejecutar prototipos de una manera muy económica.

Competencia Uno de los tópicos de la transformación digital es que a menudo facilita la entrada de otros jugadores dentro de una industria. Por eso, deberíamos esperar un aumento de la competencia

---

[41] David L., Rogers (2016). "The Digital Transformation Playbook". Columbia Business School Publisching.

en todos los dominios en los cuales la transformación digital esté teniendo un impacto. Lo anterior, debido a que la tecnología digital pareciera ir eliminando los límites -tradicionales- que existen entre las diferentes industrias y las empresas que una vez fueron socios pueden pasar a ser cada vez más rivales. A modo de ejemplo observe cómo Google, Apple y Amazon, compiten cada vez más en varios dominios dentro del ámbito de la tecnología digital.

Valor Hoy en día observamos nuevas formas de ofrecer valor de maneras muy creativas, aprovechando la tecnología digital. En el caso de Uber, por ejemplo, se aprovecha la tecnología digital para ofrecer una nueva propuesta de valor en una industria que no sufrió cambios por décadas.

Clientes Los clientes estamos evolucionando. La ubicuidad de la información permite a los clientes estar muy bien informados y facilitar el ser menos leales de lo que eran en el pasado. Por ejemplo, hoy en día un cliente puede estar observando un producto en una tienda física, mientras lo está comprando a otra empresa vía internet.

Lo que todo esto significa es que -en última instancia- las viejas fuentes de ventaja competitiva están desapareciendo. Cosas como los monopolios naturales -formados por la escasez de recursos- aunque todavía son importantes, están en riesgo. En opinión del profesor Rogers y de manera creciente, los activos estratégicos ya no serán de propiedad de la empresa, sino que se tendrá acceso a ellos a través de redes de proveedores.

El gran desafío en la era digital es de este modo, el convertir los datos, las grandes cantidades de datos que se tiene al interior de las empresas, en información útil. Por otro lado y diferencia del pasado, las tecnologías digitales permiten desarrollar pruebas, prototipos y experimentos, de manera sencilla y económica.

El profesor Rogers plantea que de acuerdo a su investigación existen cinco conductas que facilitan la adopción de tecnologías digitales de los clientes, lo que denomina "comportamientos característicos de los clientes en red":

- <u>Acceder</u> a datos digitales, contenido e interacciones de la manera más rápida, fácil y flexible posible.
- <u>Involucrarse</u> con contenido digital que sea sensorial, interactivo y relevante para sus necesidades.
- <u>Personalizar</u> las experiencias eligiendo y modificando una gran variedad de información, productos y servicios.
- <u>Conectarse</u> para compartir sus experiencias, ideas y opiniones; a través de textos, imágenes y redes sociales.
- <u>Colaborar</u> trabajando juntos, debido a que somos animales sociales.

David Rogers también plantea la conveniencia de crear plataformas de negocios y no solo de ofrecer productos. Por plataformas, se entiende un negocio que crea valor por la vía de facilitar las transacciones entre dos o más tipos de clientes.[42]

El Vórtice digital[43]

El International Institute for Management Development (IMD) -de Suiza- en conjunto con Cisco, han desarrollado el DBT "Global Center for Digital Business Transformation" Centro Global para la Transformación Digital de los Negocios.

---

[42] David L., Rogers (2016). "The Digital Transformation Playbook". Columbia Business School Publisching. Pág. 56, posición 1105.
[43] Loucks, Jeff; Macualay, James; Noronha, Andy y Wade, Michael. (2016). "Digital Vortex. How Today´s Market Leaders Can Beat Disruptive Competitors at Their Own Game". International Institute for Management Development. Recuperado de http://digitalvortex.imd.org/wp-content/uploads/2016/06/Digital-Vortex-Excerpt.pdf

El DBT ha desarrollado la comparación con un vórtice, para indicar que todas las industrias donde operan empresas, están expuestas a ser sufrir el embate disruptivo de la digitalización; incluso aquellas que creen que podrían no estar sujetas a las fuerzas.

Han establecido que los modelos de negocios digitales se pueden agrupar en tres categorías:

Valor en el menor costo (Cost Value)

Se refiere al área en el cual los efectos competitivos de la disrupción digital son probablemente más notorios, debido a que el competidor reduce los precios que le ofrece al cliente (final). Un ejemplo para recordar esta categoría lo representa de manera notable el Kindle de Amazon, el cual mediante la "desmaterialización" del producto, es capaz de reducir el costo ante los clientes.

Elementos relevantes de este modelo son:

- Precios bajos o gratis
- Transparencia de precios
- Precios basados en el consumidor
- Remates inversos
- Distribución de costos, reembolsos y recompensas

También se crea valor en el costo ("cost value") cuando una empresa (disruptora) pasa a intermediar en una industria a un oferente establecido. Por ejemplo en la industria de los viajes, hay sitios web que las personas utilizan para reservar alojamientos en hoteles, viajes en avión y arriendo de autos; ejerciendo presión o limitando el precio que pueden cobrar estas últimas.

Valor en la experiencia (Experience Value)

Pasa por ofrecer a los clientes productos o servicios que le resultan más convenientes, dado por ejemplo el contexto o el nivel de control, etc. lo cual no implica que sean los más económicos. Un ejemplo para recordar esta categoría lo representa de manera notable Netflix, empresa que ofrece un servicio digital que permite "desempaquetar" los servicios ofrecidos por las empresas de TV Cable.

Elementos relevantes de este modelo son:

- Empoderar al cliente
- La personalización del servicio
- Automatizar tareas
- Facilitar las cosas a los clientes
- Permitir utilizar cualquier dispositivo en cualquier momento

Valor de la plataforma (Platform Value)

El valor propio de una plataforma es algo único de la era digital y ofrece lo que se denomina externalidad de redes (Ley de Metcalfe),[44] es decir situaciones en las cuales el incremento en el número de usuarios, aumenta el valor que se crea. Un buen ejemplo lo representa Facebook, red que genera valor en la medida que muchas personas la utilicen.

Elementos relevantes de este modelo son:

- Crear ecosistemas, ejemplo Apple IOs
- "Crowdsourcing", ejemplo WikiLeaks
- Comunidades, ejemplo Tweeter
- Comunidad digital, ejemplo Airbnb
- Orquestador de datos, ejemplo SAP

---

[44] https://es.wikipedia.org/wiki/Ley_de_Metcalfe

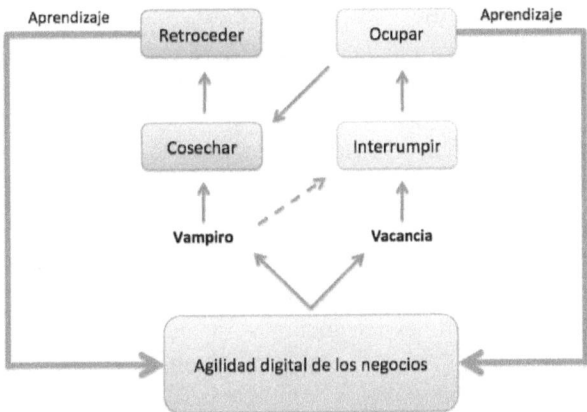

El DBT ha identificado además, dos realidades emergiendo de la convulsión generada por la disrupción digital:

a) los Vampiros del valor
b) las Vacancias de valor

Los denominados *vampiros del valor* corresponden a un tipo de empresa disruptiva de la era digital, que se caracteriza por dejar al resto de las empresas del mercado en serios problemas: son "peligrosas". Son esencialmente un tipo extremo de empresa, cuya ventaja competitiva "drena" por completo los ingresos y/o las ganancias de las empresas que operaban en un determinado mercado.

Las denominadas *vacancias de valor* corresponden a otro tipo de empresa de la era digital, que se caracteriza por aprovechar oportunidades de mercado que pueden ser explotadas de manera rentable a través del uso de tecnologías digitales y de sus modelos de negocios: son las empresas "buenas" de la disrupción.

Para el DBT, si bien no existe una receta capaz de enfrentar la disrupción tecnológica que garantice el éxito, las empresas deben desarrollar una capacidad, cual es la "Agilidad en los negocios digitales".

La experiencia del DBT indica que uno de los enemigos más formidables para una empresa establecida -por grande y prestigiada que esta sea- puede llegar a ser un pequeño emprendimiento. Este último puede utilizar las tecnologías digitales en combinación con un modelo de negocios que sea capaz de otorgar una nueva combinación de valor de costos, valor de experiencia y valor de plataforma.

Defensas en la era digital

Como indica el DBT:[45] "la velocidad del cambio tecnológico, la innovación de los modelos de negocios y la mezcla de las industrias se acelera en la medida que las empresas son absorbidas por el vórtice digital".

Por lo tanto, dadas las complejidades propias de la era digital, la mejor defensa que pueden desarrollar las empresas está relacionada con la *agilidad digital*.

Por *agilidad digital*, se debe entender la capacidad de una organización para utilizar los medios digitales para cambiar, los que se basan en tres pilares: la Híper conciencia, la toma de decisiones informadas y la rápida ejecución.

La *Híper conciencia* se refiere a la habilidad que deben desarrollar las empresas para detectar y monitorear los cambios que se producen en el ambiente, en el cual desarrollan sus negocios. Esta provee la "sangre vital" de los dos pilares que sustentan la agilidad de

---

[45] Bradley, Joseph; Loucks, Jeff; Macaulay; Noronha, Andy; Wade, Michael (November, 2015). "Disruptor and Disrupted". Global Center for Digital Business Transformation an IMD and Cisco Iniciative. Pág 2.

los negocios digitales: la toma de decisiones informadas y la rápida ejecución.

La *Toma de decisiones informadas* permite que los datos sean analizados y distribuidos para dar así soporte a las decisiones estratégicas. Esta depende si, de la cantidad y calidad de los datos que sean obtenidos gracias a la *híper conciencia*.

La *rápida ejecución* debe guiar los esfuerzos y la dirección de toda la empresa.

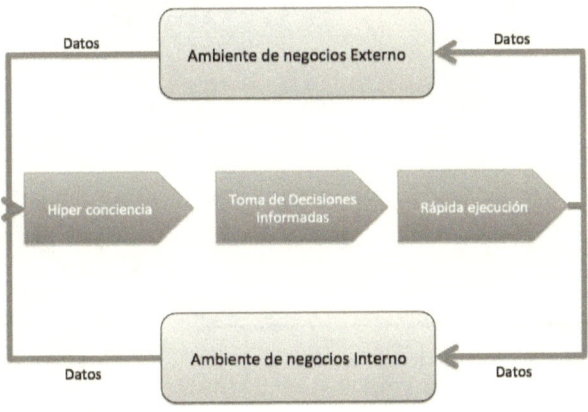

Tu estrategia requiere de una estrategia[46]

Los autores del libro "Your Strategy needs a Strategy" plantean que en el mundo actual, para que una empresa sea exitosa, debe considerar que existen escenarios muy diferentes, los que hacen a su vez necesarias estrategias adaptadas a cada uno de los cinco ambientes que ellos identifican y que se mencionan a continuación:

---

[46] Reeves, Martin; Haanes, Knut; Sinha, Janmejaya (2015). "Your Strategy needs a Strategy. How to Choose and Execute the Right Approach". Harvard Business Review Press.

- Clásico
- Adaptativo
- Visionario
- Ajustándose
- Renovación

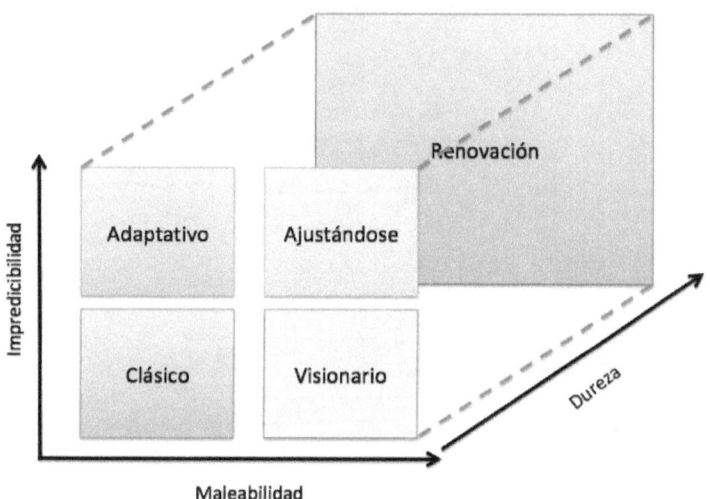

Clásico → Se Grande

En el ambiente clásico es posible predecir o anticipar con certeza la demanda de un mercado poco maleable. En este ambiente existen marcas fuertes y cambios tecnológicos limitados, lo que permite llevar a cabo profundos análisis, de los cuales se obtiene información que permite llevar a cabo una detallada planificación, la que luego debe ser bien ejecutada.

Las empresas en este ambiente operan de una manera que se podría denominar secuencial. Lo anterior debido a que en la primera etapa llevan a cabo un exhaustivo análisis seguido por una detallada planificación. Y luego en la segunda etapa, enfocan sus esfuerzos en ejecutar y controlar una ejecución de excelencia.

Adaptativo → Se rápido

En el ambiente adaptativo, los cambios son rápidos y no permiten planificar como se haría en un ambiente "clásico": no se puede planificar, pero si experimentar, seleccionar y escalar. Se debe utilizar una estrategia adaptativa cuando el ambiente de negocios es difícil de predecir y a su vez también difícil de adecuar. Hay que experimentar, seleccionar, escalar y adaptarse.

Los autores citan como un ejemplo de esta estrategia la empresa de Inditex, Zara, la que en 1975 introdujo este enfoque de dos maneras a) acortando la cadena de suministros, por la vía de acercar la fabricación a los clientes y b) generando lotes de producción "más pequeños" con el objeto de ir reaccionando a lo que el mercado prefiere durante la temporada.

Visionario → Se el primero

Se crea algo que no existe. Propio del emprendedor que crea, adapta y en-visiona algo nuevo o revolucionario. Este enfoque se caracteriza por tres etapas. i) Prever una oportunidad, aprovechando los inicios de una mega-tendencia, utilizando una nueva tecnología, supliendo un requerimiento latente o insatisfacción. ii) Ser el primero en formar una empresa que ofrece el producto o servicio. iii) Se debe persistir para cumplir los objetivos mientras se mantiene flexibilidad para superar dificultades no previstas.

El "timing" es crítico en este enfoque puesto que permite definir estándares de mercado, influenciar las preferencias de los clientes, etc. Pero si el proceso se adelanta, se corre el riesgo que los clientes potenciales no estén listos para el producto y si llega tarde, la empresa será vista como un imitador.

Los autores citan como un ejemplo de esta estrategia la empresa de UPS, empresa que el año 94 identificó que el comercio electrónico generaría un cambio en la industria, invirtió elevadas sumas de dinero en TI y se posicionó como el mejor sistema para entregas de comercio electrónico, por la vía de facilitar el seguimiento de las compras on-line.

Ajuste → Se el orquestador

Ecosistemas que se están influenciando y van generando adaptaciones mutuas. La estrategia de ajuste es adecuada cuando existe la oportunidad para re-escribir las normas de una industria que se está iniciando, que es muy dinámica, que ha sido trastornada ("disrupted") o que está fragmentada; debido a que permite estimular la demanda, desarrollar la infraestructura que se pueda requerir y minimizar barreras regulatorias, que puedan existir o surgir.

Los autores citan como un ejemplo de esta estrategia la que siguieron tanto Google como Apple, cuando traspasaron a terceros el desarrollo de las "apps" para los sistemas operativos Android y de iOS respectivamente. Esta invitación a desarrolladores externos, resultó beneficioso para ambas partes, en un momento en el cual el líder del mercado Nokia, hacía de la plataforma llamada Symbian, la cual no ofrecía la flexibilidad indicada para desarrolladores.

Renovación → Se Viable

Condiciones muy complejas en las cuales la empresa está solo tratando de sobrevivir. El foco de la actividad está en liberar recursos.

La idea del modelo en cuestión, no es la de etiquetar a la empresa, pero si a las diferentes líneas de productos o servicios; puesto que en una misma empresa, particularmente si opera en múltiples mercados, convivirán diferentes realidades. Dado lo anterior, sugieren que el "collage" de las estrategias propuestas, sea vibrante y dinámica en el tiempo.

Los autores plantean la importancia que la misma empresa sea la que "autodisrumpa" su negocio y que no sea un competidor el que lo haga. Para conseguir lo anterior, sugieren el balancear la asignación de recursos entre la *explotación* de los recursos actuales con la *exploración* de nuevas posibilidades, para lo cual proponen tres técnicas:

- Intercambiar personas entre las unidades de Exploración y explotación
- Crear unidades separadas, para la exploración y la explotación
- Crear un ecosistema, complementando la unidad de exploración y la de explotación, no solo con recursos internos sino que también con recursos externos

En cualquiera de los casos, un aspecto importante para el éxito está relacionado con el permanente ajuste de los recursos que se asignan a uno y otro. Por ejemplo, se puede partir de la base de asignar el 10% de los recursos a exploración y el complemento, el 90% a la explotación; proporciones que pueden ir variando según las circunstancias, para garantizar un correcto balance entre ambas (lo que denominan *ambidexteridad*) el cual dependerá del entorno de negocios y de la evolución de este último.

Sobreviviendo a las tecnologías disruptivas

El profesor Henry C. Lucas, de la universidad de Maryland, plantea que una tecnología disruptiva se puede entender como una innovación que ofrece un producto o servicio que es tan conveniente, que el grupo de clientes objetivo abandona rápidamente la forma tradicional de hacer las cosas y se vuelca a lo nuevo.[47]

Los participantes en esta contienda se podrían resumir en los siguientes actores:

La empresa innovadora:

- Inventor(es)
- Implementadores

La empresa titular:

- Directorio
- Ceo
- Empleado

Para efectos del presente libro, es de suma importancia que se entienda que los miembros del directorio tienen un rol importante que jugar.

En el mundo "tradicional" -previo a la era digital- una vez que una empresa alcanzaba un determinado nivel de éxito, podía disfrutar de un período "de estabilidad" en el cual había pocos cambios. Luego, detectaban pequeños cambios, a los que reaccionaban haciendo unos pocos ajustes, con los cuales se retomaba el control del negocio.

En la era digital -que ya estamos viviendo- las discontinuidades son más frecuentes y los cambios son más fuertes.

---

[47] Lucas, H. C. (2012). "En búsqueda de la sobrevivencia. Lecciones de las Tecnologías Disruptivas". Recuperado de https://cicm.org.mx/wp-content/files_mf/20171106.pdf

Las empresas titulares se ven enfrentadas a los siguientes dilemas:

- Negación
- Historia
- Resistencia al cambio
- Cambio de mentalidad
- Marca
- Costos hundidos
- Rentabilidad
- Falta de imaginación

De acuerdo al profesor Lucas, los resultados posibles ante embates de la competencia con nuevas tecnologías de información, se pueden resumir en las siguientes:

- Adaptar el modelo de negocios, para adecuarse a las nuevas oportunidades
- Abandonar el modelo de negocios actual y adoptar uno nuevo.
- Fracasar y verse en la obligación de vender, fusionar, etc.

Máquinas, Plataformas y Multitudes[48]

Los profesores del MIT McAfee y Brynjolfsson, plantean que en la era que vivimos existen tres grandes tendencias que debemos aprender a balancear:

a) Tendencia 1: el rápido aumento de la capacidad de las *máquinas*, lo cual ejemplifica con los avances alcanzados en la inteligencia artificial, como por ejemplo el triunfo de una máquina sobre un jugador del complejo juego de estrategia llamado "go". La contraparte de la inteligencia de las máquinas (IA) es la mente humana.

b) Tendencia 2: La aparición de empresas jóvenes, grandes y con gran poder de influir en los mercados a través del establecimiento de *plataformas*. Utilizando como ejemplo AirBnB, Uber o Facebook. La contraparte de las plataformas, son los productos y servicios, que han sido tradicionalmente la fuente de ingresos de las empresas..

c) Tendencia 3: El surgimiento del uso de las *multitudes* como apoyo al desarrollo de nuevos productos y servicios. Reconociendo que por bueno que sea el equipo humano de las empresas, estos últimos no son capaces de reemplazar el conocimiento y la experiencia de todo el mercado. La contraparte de las multitudes, es el corazón del negocio, entendiendo por este el conocimiento, la experiencia, los procesos, etc.

Los autores son enfáticos en indicar que no se trata que la mente humana, los productos & servicios y el dominio del corazón del negocio estén obsoletos ni pasados de moda. Por el contrario, siguen considerando que son esenciales para el éxito de los negocios.

---

[48] McAfee, Andrew and Brynjolfsson, Erik (2017). "Machine, Platform and Crowd, Harnessing our digital future". W.W. Norton & Company.

Por lo tanto, dados los avances alcanzados por la tecnología, lo esencial es que las empresas deben replantearse con una mirada renovada, el equilibrio entre:

- las máquinas y la mente humana
- entre las plataformas y los productos & servicios
- entre las multitudes y el dominio del corazón del negocio

Empresas Ambidiestras

Aun cuando el balance entre la exploración y la explotación es muy relevante, las empresas tienden a favorecer la explotación por sobre la exploración, debido al riesgo de no generar ingresos suficientemente rápido que conlleva la inversión en la segunda.

El profesor de la UC y PhD de Stanford Michael Leatherbee define la ambidiestría de la siguiente manera:

> *La ambidiestría (que proviene de la habilidad para usar indistintamente la mano derecha o la izquierda) es la capacidad de las organizaciones – poco común y difícil de desarrollar- de proveer eficientemente los productos o servicios actuales (explotar), al mismo tiempo que se desarrollan otros que se podrían proveer en el futuro (explotar). El resultado de la capacidad ambidiestra es lo opuesto al refrán que dice "pan para hoy y hambre para mañana".*

La tendencia a favorecer la explotación puede producir lo que se denomina una *"trampa de la competencia"*,[49] en la cual la

---

[49] Canessa-Terrazas, Enrique; Morales-Flores, Javier; Maldifassi-Pohlhammer, José (2017). "The impact of IT-enhanced organizational learning on performance: evidence from Chile". Revista Facultad de Ingeniería,

empresa sería eficiente pero a un menor nivel debido a que la empresa sigue mejorando los procesos actuales, en lugar de buscar uno superior.

Ahora, cuando una organización se enfoca más en la exploración que en la explotación, es posible que encuentre nuevas ideas que no pueda rentabilizar, lo que se denomina *"trampa de la experimentación"*.

A las empresas que alcanzan el correcto balance entre la exploración y la explotación, se les denomina ambidiestras ("ambidextrous" en inglés).

Dado lo anterior quisiera resumir los aspectos más destacados del estudio realizado por el profesor Enrique Canessa[50] de la UAI, en conjunto con otros investigadores:

a) Resalta tres principales resultados de su investigación:

- El uso de las tecnologías de la información (TI) para mejorar prácticas existentes (explotación) le permite a la empresa el mejorar los resultados de corto plazo.
- En contraste con el punto anterior, cuando las empresas hacen uso de las tecnologías de la información (TI) para la exploración, tenderán a ajustar sus procesos y estructuras al nuevo conocimiento adquirido.
- Pareciera existir una tendencia a preferir la explotación a la exploración; lo que puede resultar más perjudicial aún para empresas que operan en mercados emergentes, sujetos a mayor volatilidad.

Universidad de Antioquía. Recuperado de http://www.scielo.org.co/scielo.php?pid=S0120-62302017000100060&script=sci_abstract&tlng=en

[50] Canessa-Terrazas, Enrique; Morales-Flores, Javier; Maldifassi-Pohlhammer, José (2017). "The impact of IT-enhanced organizational learning on performance: evidence from Chile". Revista Facultad de Ingeniería, Universidad de Antioquía. Recuperado de http://www.scielo.org.co/scielo.php?pid=S0120-62302017000100060&script=sci_abstract&tlng=en

b) Concluye que las empresas que favorecen excesivamente la explotación por sobre la exploración no estarán bien preparadas para enfrentar "trastornos" en el mercado. Por lo tanto, las empresas que operan en mercados emergentes, debieran tomar enérgicas medidas para evitar caer en la trampa de la competencia.

Algunos términos de la era digital

Inteligencia Artificial (IA)

La IA es una rama de las ciencias computacionales encargada de estudiar modelos de cómputo capaces de realizar actividades propias de los seres humanos, en base a dos de sus características primordiales: el razonamiento y la conducta.

Los avances alcanzados por la IA son verdaderamente sorprendentes y a modo de ejemplo, me parece oportuno destacar dos, relacionados con dos juegos:

- Ajedrez: la supercomputadora de IBM llamada *Deep Blue* en 1996 y luego *Deeper Blue* en 1997, lograron destronar al campeón de ajedrez Gary Kasparov[51].
- Go: juego asiático que tiene algo así como 3.000 años de antigüedad que se caracteriza por ser mucho más complejo que el ajedrez. En el 2016 el programa de Google llamado *AlphaGo*, derrotó al campeón mundial de "go", Lee Sedol y lo hizo enseñándole a aprender.

Solo para darse una idea de la complejidad asociada, un investigador[52] calculó que para el tablero de ajedrez se tienen algo así

---

[51] https://es.wikipedia.org/wiki/Deep_Blue
[52] ALVY (9 de Marzo de 2015). "Un investigador calcula el número de posiciones posibles para el juego de Go (versión simplificada)". Economía Digital.

como $4,3 \times 10^{19}$ posibles combinaciones; mientras que uno de GO tendría la abismante cantidad de 2×10^{170}. Esto explica la diferencia de 20 años que demoró la AI en ganar a los campeones de Ajedrez y de Go, a la vez que da cuenta también, de los avances alcanzados en la IA.

El término "inteligencia artificial" fue acuñado formalmente en 1956 durante la conferencia de Dartmouth, pero para entonces ya se había estado trabajando en ello durante cinco años en los cuales se había propuesto muchas definiciones distintas que en ningún caso habían logrado ser aceptadas totalmente por la comunidad investigadora.

En 1956, John McCarthy acuñó la expresión «inteligencia artificial», y la definió como: "...la ciencia e ingenio de hacer máquinas inteligentes, especialmente programas de cómputo inteligentes".[53]

Para Nils John Nilsson[54] son cuatro los pilares básicos en los que se apoya la inteligencia artificial:

- Búsqueda del estado requerido en el conjunto de los estados producidos por las acciones posibles.
- Algoritmos genéticos (análogo al proceso de evolución de las cadenas de ADN).
- Redes neuronales artificiales (análogo al funcionamiento físico del cerebro de animales y humanos).
- Razonamiento mediante una lógica formal análoga al pensamiento abstracto humano.

Los profesores del MIT Erik Bryonjolfsson y Andrew McAfee, plantean[55] que la primera revolución de las máquinas se trató

---

[53] Recuperado de https://www.microsiervos.com/archivo/ordenadores/calculo-posiciones-posibles-go.html
Cosein (Oct. 29, 2016). "Inteligencia artificial". Recuperado de http://www.cosein.com/2016/10/29/inteligencia-artificial/

[54] Club de Innovación. "Todo lo que deberías saber sobre Inteligencia artificial". Recuperado de http://www.clubdeinnovacion.com/bloginn/-que-es-inteligencia-artificial

básicamente de fabricar mecanismos capaces de aumentar la fuerza disponible por sobre la humana, siempre requiriendo de personas para tomar las decisiones. En lo que denominan ahora la segunda era de las máquinas, se están automatizando tareas cognitivas al nivel que la inteligencia artificial puede, en algunos casos, incluso llegar a tomar mejores decisiones que los seres humanos.

Internet de las Cosas (IoT)

Es un concepto que se refiere a la interconexión digital de objetos cotidianos con Internet. Fue propuesto por Kevin Ashton en el Auto-ID Center del MIT en 1999, donde se realizaban investigaciones en el campo de la identificación por radiofrecuencia en red (RFID) y tecnologías de sensores.

Según la empresa Gartner, en el 2020[56] habrá en el mundo aproximadamente 26 mil millones de dispositivos con un sistema de conexión al Internet de las Cosas. Abi Research, por otro lado, asegura que para el mismo año existirán 30 mil millones de dispositivos inalámbricos conectados a Internet.[57] Con la próxima generación de aplicaciones de Internet (protocolo IPv6) se podrían identificar todos los objetos, algo que no se podía hacer con IPv4. Este sistema sería capaz de identificar instantáneamente por medio de un código a cualquier tipo de objeto.

Se estima que los dispositivos conectados a Internet, aumentarán a una tasa del 30% por año hasta el 2025.

---

[55]   Brynjolfsson, Erik and McAfee, Andrew (January 25, 2016). "The Second Machine Age: Work, Progress, and Prosperity in a Time of Brilliant Technologies". W.W. Norton & Company.

[56]   Gartner (December 12, 2013). "Gartner Says the Internet of Things Installed Base Will Grow to 26 Billion Units By 2020". Recuperado de https://www.gartner.com/newsroom/id/2636073

[57]   Tecnología al Instante (02/02/2017). "IoT = Internet of Things (Internet de las Cosas)". Recuperado de https://www.abiresearch.com/press/more-than-30-billion-devices-will-wirelessly-conn

Realidad aumentada (AR)

Es el término que se utiliza para definir la visión de un entorno físico del mundo real, a través de un dispositivo tecnológico. Este dispositivo o conjunto de dispositivos, añaden información virtual a la información física ya existente; es decir, una parte sintética virtual a la real. De esta manera, los elementos físicos tangibles se combinan con elementos virtuales, creando así una realidad aumentada en tiempo real.

La realidad aumentada es diferente de la realidad virtual: la cual sobre la realidad material del mundo físico, monta una realidad visual generada por la tecnología, en la que el usuario percibe una mezcla de las dos realidades. En cambio, en la realidad virtual, el usuario se aísla de la realidad material del mundo físico para sumergirse en un escenario o entorno totalmente virtual.

Big Data

También conocida como macro-datos, datos masivos, inteligencia de datos o datos a gran escala, es un concepto que hace referencia a un conjuntos de datos tan grandes, que aplicaciones informáticas tradicionales de procesamiento de datos no son suficientes para tratar con ellos.

Se trata de un conjuntos de datos o combinaciones de conjuntos de datos cuyo tamaño (volumen), complejidad (variabilidad) y velocidad de crecimiento (velocidad) dificultan su captura, gestión, procesamiento o análisis mediante tecnologías y herramientas convencionales, tales como bases de datosrelacionales y estadísticas convencionales o paquetes de visualización, dentro del tiempo necesario para que sean útiles[58].

Aunque el tamaño utilizado para determinar si un conjunto de datos determinado se considera Big Data no está firmemente definido y sigue cambiando con el tiempo, la mayoría de los analistas

---

[58] https://www.powerdata.es/big-data

y profesionales actualmente se refieren a conjuntos de datos que van desde 30-50 Terabytes a varios Petabytes.

La complejidad del Big Data se debe principalmente a la naturaleza no estructurada de gran parte de los datos generados por las tecnologías modernas, como los web logs, la identificación por radiofrecuencia (RFID), los sensores incorporados en dispositivos, la maquinaria, los vehículos, las búsquedas en Internet, las redes sociales como Facebook, computadoras portátiles, teléfonos inteligentes y otros teléfonos móviles, dispositivos GPS y registros de centros de llamadas.

En la mayoría de los casos, con el fin de utilizar eficazmente el Big Data, debe combinarse con datos estructurados(normalmente de una base de datos relacional) de una aplicación comercial más convencional, como un ERP (Enterprise Resource Planning) o un CRM (Customer Relationship Management).

Computación en la nube

El concepto de "nube informática" es muy amplio y abarca casi todos los posibles tipos de servicios "en línea". Cuando las empresas ofrecen un servicio alojado en la nube, por lo general se refieren a alguna de estas tres modalidades: el software como servicio (por sus siglas en inglés SaaS —Software as a Service—), Plataforma como Servicio (PaaS) e Infraestructura como Servicio (IaaS).

La computación en la nube se compone de servidores -los que a través de Internet- se encargan de atender los requerimientos, en cualquier momento. Se puede tener acceso a su información o servicio, mediante una conexión a internet desde cualquier dispositivo móvil o fijo ubicado en cualquier lugar. Sirven a sus usuarios desde varios proveedores de alojamiento repartidos frecuentemente por todo el mundo, permitiendo así reducir costos y garantizando una mayor disponibilidad.

El *"Cloud computing"* es un nuevo modelo de prestación de servicios de negocio y tecnología, que permite al usuario acceder a un catálogo de servicios estandarizados y responder con ellos a las necesidades de su negocio, de forma flexible y adaptativa, en caso de demandas no previsibles o de picos de trabajo, pagando únicamente por el consumo efectuado, o incluso gratuitamente en caso de proveedores que se financian mediante publicidad o de organizaciones sin ánimo de lucro.

El cambio que ofrece la computación desde la nube es que permite aumentar el número de servicios basados en la red. Esto genera beneficios tanto para los proveedores, que pueden ofrecer de forma más rápida y eficiente, un mayor número de servicios, como para los usuarios que tienen la posibilidad de acceder a ellos, disfrutando de la 'transparencia' e inmediatez del sistema y de un modelo de pago por consumo. Así mismo, el consumidor ahorra los costes salariales o los costes en inversión económica (locales, material especializado, etc.).

Finalmente, permite también reducir CAPEX y puede reducir el TCO (total cost of ownership) y facilita la escalabilidad.

Automatización

La automatización industrial (automatización: del griego antiguo auto, 'guiado por uno mismo') se refiere al uso de sistemas o elementos computarizados y electromecánicos para fines industriales.

Como una disciplina de la ingeniería -más amplia que un sistema de control- abarca la instrumentación industrial, que incluye los sensores, los transmisores de campo, los sistemas de control y supervisión, los sistemas de transmisión y recolección de datos y las aplicaciones de software en tiempo real para supervisar y controlar las operaciones de plantas o procesos industriales.

"Blockchain"

Es una estructura de datos en la que la información contenida se agrupa en conjuntos (bloques) a los que se les añade meta-información relativa a otro bloque de la cadena anterior en una línea temporal, de manera que gracias a técnicas criptográficas la información contenida en un bloque sólo puede ser repudiada o editada modificando todos los bloques posteriores. Esta propiedad permite su aplicación en un entorno distribuido, de manera que la estructura de datos *blockchain* puede ejercer de base de datos pública no relacional que contiene un registro histórico irrefutable de información.[59]

En la práctica el *blockchain* ha permitido, gracias a la criptografía asimétrica y funciones de resumen o "hash", la implementación de un registro contable (ledger) distribuido, que permite soportar y garantizar la seguridad de dinero digital.

Ciberseguridad

La pregunta no es si es que ocurrirá un ciberataque, sino que ¿cuándo seremos víctimas de un ataque?

La seguridad informática, también conocida como ciberseguridad o seguridad de tecnologías de la información, es el área relacionada con la informática y la telemática que se enfoca en la protección de la infraestructura computacional y todo lo relacionado con esta; especialmente, la información contenida en una computadora o circulante a través de las redes de computadoras. Para ello existen una serie de estándares, protocolos, métodos, reglas, herramientas y leyes concebidas para minimizar los posibles riesgos a la infraestructura o a la información.

La ciberseguridad comprende software (bases de datos, metadatos, archivos), hardware, redes de computadoras y todo lo que

---

[59] Investopedia. Recuperado de
https://www.investopedia.com/terms/b/blockchain.asp

la organización valore y signifique un riesgo si esta información confidencial llega a manos de otras personas, convirtiéndose, por ejemplo, en información privilegiada.

III. GOBIERNO DE EMPRESAS EN LA ERA DIGITAL

> Solo por el hecho que nadie se queje
> no significa que todos los paracaídas sean perfectos.
> - *Benny Hill*
>
> No es porque las cosas sean difíciles que no nos atrevemos.
> Es porque no nos atrevemos que se hacen difíciles.
> - *Séneca*

Antecedentes escalofriantes

A principios del 2015 me llamó la atención un artículo publicado en el Harvard Business Review,[60] que daba a conocer algunos datos relativos al mal funcionamiento que observaban algunos directorios y que habían sido obtenidos a partir de encuestas realizadas por McKinsey en los años 2013 y 2014, en complemento con el "Canada Pension Plan Investment Board" (CPPIB):

- Sólo un 34% de los 772 directores encuestados el 2013, reconoció que los directorios en los que servían comprendían profundamente sus empresas.
- Sólo un 22% dijo que sus directorios entendían en profundidad la forma en la cual creaban valor sus empresas.

---

[60] Barton, Dominic and Wiseman, Mark (JANUARY-FEBRUARY 2015). "Where Boards Fall Short". Harvard Business Review.

- Sólo un 16% dijo que sus directorios tenían un fuerte conocimiento de las dinámicas de la industria en las cuales operaba la empresa.
- De 604 ejecutivos encuestados el 2014, al consultarles respecto de quiénes eran los responsables por el excesivo foco en el corto plazo y bajo énfasis en el largo plazo, 47% indicó que eran los directorios.

En resumen, el artículo da a conocer una situación altamente inconveniente para la dirección empresarial: muchos de los directores encuestados reconocieron que los entes (directorios) donde servían no comprendían profundamente las estrategias de sus empresas, la forma en la que éstas últimas crean valor, ni las dinámicas de la industria a la que están sometidas.

El desafío en la era de la aceleración

Thomas L. Friedman y Eric A. Teller plantean que el ser humano y las organizaciones que hemos creado, tienen una limitada capacidad para asumir o adaptarse al cambio, el cual ha venido creciendo a una tasa lineal. El desarrollo tecnológico por su lado, observa una tasa de cambio exponencial, el cual –hoy en día- ha superado la tasa de cambio del ser humano.[61]

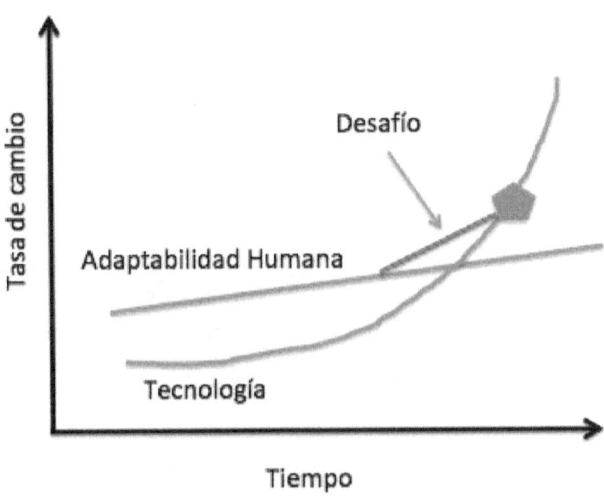

Hoy nos encontramos en una situación en la cual vemos empresas cuyos modelos de negocios han sido *trastocados* y en otros

---

[61] Taibbi, Matt (NOVEMBER 28, 2016). "The Official Thomas Friedman 'Make a Meaningless Graph'Contest". Recuperado de https://www.rollingstone.com/politics/features/official-thomas-friedman-make-a-meaningless-graph-contest-w452465

incluso *alterados, trastornados o perturbados* ("disrupted") por los cambios planteados como consecuencia del uso de nuevas tecnologías. Se trata de empresas cuyo gobierno ha terminado siendo *dislocado* por esta aceleración, haciendo que se haya perdido no solo la capacidad de anticipar las amenazas, sino también la de reaccionar y adaptarse a la nueva realidad para aprovechar las oportunidades.

Tal vez, los directorios generaron hábitos de gobierno que fueron válidos en un período de crecimiento sostenido y relativamente estable, como el observado en países industrializados después de la segunda guerra mundial. Pero el hecho es simple: si alguna vez hubo un período de crecimiento lineal, en el cual los planes se basaban en una demanda predecible, este pareciera haber terminado.

Enfrentando el desafío

Para que el éxito de una empresa sea sostenible en la era de la aceleración impulsada por las tecnologías digitales, se hace necesario contar con capacidades de gobierno superiores a las que existieron "antes".

Los directorios no pueden dejarse *encandilar* por la era digital excusándose en que no son nativos de esta era y resguardarse contemplando las vacas lecheras –de las cuales se sienten orgullosos– por el espejo retrovisor. No pueden permitirse repetir los errores que permitieron *dislocar* las capacidades de reacción de otrora poderosas empresas tales como Kodak, Polaroid, Nokia, Toys "R" Us y muchas otras.

Si bien en la era digital las acciones administrativas seguirán siendo implementadas por un Gerente General y su plana ejecutiva, el directorio no puede convertirse en un ente dedicado a "contemplar" los resultados presentados por la administración. Por el contrario, los miembros del directorio deben tener un rol activo en el gobierno de la empresa; ojalá desarrollando un "temor casi paranoico" a no tomar las acciones de necesarias para que la empresa pueda evadir su próxima amenaza y aprovechar la que será su próxima oportunidad, a tiempo.

El desafío es entonces el de crear mecanismos que permitan a los directorios mejorar su sensibilidad, aprender más rápido, para finalmente lograr gobernar ágil y efectivamente, basados en información relevante.

Analogía Aérea: Observar, Orientarse, Decidir y Actuar

Las organizaciones y empresas en el mundo enfrentan una crisis de agilidad. Confrontadas con un entorno externo dinámico impredecible, se ven obligadas a adaptarse a una velocidad para la que simplemente no han sido diseñadas y por lo tanto, para la cual no están preparadas.

La historia cuenta que durante la guerra de Corea, un piloto norteamericano llamado John R. Boyd desafiaba a sus compañeros, a que, partiendo desde una posición desventajosa, él se ubicaría en la cola de sus aeronaves en 40 segundos, o les pagaría U$40.

Más allá de la exactitud de la historia, lo efectivo es que el Sr. "40 segundos Boyd" desarrolló una técnica capaz de explicar la razón por la cual los pilotos norteamericanos, volando aviones F-86, lograban mejores resultados en una relación de 10:1 que los pilotos nor-coreanos, volando MiG-15, en circunstancias en que estas últimas aeronaves eran consideradas superiores.

Boyd llamó a su método "OODA" haciendo referencia a observar, orientarse, decidir y actuar.

Al aplicar su método, descubrió que los F-86 americanos tenían sólo dos pequeñas ventajas respecto de los Mig-15: contaban con mejor visibilidad y podían cambiar de táctica de combate más rápidamente, debido a que tenían controles hidráulicos.

Haciendo uso de las ideas de Boyd, las empresas pueden mejorar su funcionamiento, con un directorio si al estar bien constituidos y tener una forma de trabajo adecuada estos órganos, permiten:

a) mejorar la capacidad de "observar" lo que ocurre en la empresa y en el mercado, y
b) actuar de manera ágil.

En consecuencia si una empresa es capaz de "captar" mejor lo que ocurre en su entorno, puede reaccionar mejor y de esta manera romper la inercia de manera más efectiva.

Como la experiencia de muchas empresas ha demostrado, los errores en las empresas son mayoritariamente consecuencia de las decisiones y no tanto de las circunstancias. A diferencia de los modelos basados en la observación de la naturaleza, las empresas que no logran adaptarse a tiempo, no lo hacen debido a que hubieran estado imposibilitadas sino a que no quisieron o no decidieron tomar las acciones a tiempo: fueron víctimas de una inercia negativa.

La mayoría de las decisiones que se toman al interior de las empresas están fundadas en dinámicas que son mejorables, especialmente si tienen el apoyo de un órgano que está presente pero que mantiene cierta distancia, es decir, un *directorio con actitud vigilante*.

Analogía del aprendizaje: bucle simple y doble[62]

Para Argyris y Schön, el aprendizaje implica la detección y corrección de errores. Cuando algo va mal, el punto de partida para muchas personas es el de buscar otra estrategia que aborde y trabaje dentro de las variables gobernantes. En otras palabras, los objetivos, valores, planes y reglas dados o elegidos son operacionales en lugar de cuestionados. Según Argyris y Schön (1974), esto es aprendizaje de un solo bucle. Una respuesta alternativa sería el cuestionar las propias variables de gobierno y someterlas a un escrutinio crítico. Esto lo describen como aprendizaje de doble bucle. Tal aprendizaje puede entonces conducir a una alteración en las variables gobernantes y, por lo tanto, un cambio en la forma en que se enmarcan las estrategias y las consecuencias.

> *Cuando el error detectado y corregido permite a la organización llevar a cabo sus políticas actuales o alcanzar sus objetivos actuales, entonces ese proceso de error y corrección corresponde a un aprendizaje de un solo bucle. El <u>aprendizaje de un solo bucle</u> es como un termostato que aprende cuando*

---

[62]   http://infed.org/mobi/chris-argyris-theories-of-action-double-loop-learning-and-organizational-learning/

hace demasiado calor o demasiado frío y enciende o apaga el calor. El termostato puede realizar esta tarea porque puede recibir información (la temperatura de la habitación) y tomar medidas correctivas.

El <u>aprendizaje de doble bucle</u> se produce cuando el error se detecta y corrige de manera que implica la modificación de las normas, políticas y objetivos subyacentes de una organización.

El aprendizaje de doble ciclo implica la modificación de los objetivos o las reglas de toma de decisiones a la luz de la experiencia. El primer bucle utiliza los objetivos o las reglas de toma de decisiones, el segundo bucle permite su modificación, por lo tanto, el "bucle doble". Lo interesante es que el aprendizaje de doble bucle reconoce que la forma en que se define y resuelve un problema puede ser una fuente del problema[63].

El "aprendizaje de doble circuito" implica cuestionar el papel de los sistemas de estructuración y aprendizaje que subyacen a los objetivos y estrategias reales. En muchos aspectos, la distinción en el trabajo aquí es la utilizada por Aristóteles, al explorar el pensamiento técnico y práctico. Un solo ciclo implica seguir rutinas y algún tipo de plan preestablecido; siendo a la vez menos riesgoso para el individuo y la organización, ofreciendo un mayor control. Este último es más creativo y reflexivo, e implica nociones de consideración del bien. La reflexión aquí es más fundamental: las suposiciones básicas detrás de las ideas o políticas se confrontan … las hipótesis se prueban públicamente … los procesos son "des-confirmables" y no auto-buscados ".[64]

---

[63] https://en.wikipedia.org/wiki/Double-loop_learning
[64] http://infed.org/mobi/chris-argyris-theories-of-action-double-loop-learning-and-organizational-learning/

Radar para el gobierno de empresas, por directorios vigilantes

En el contexto en el cual existe ahora el desafío de gobernar empresas en la era de la aceleración; en la cual se ha vuelto necesario el poder reaccionar a cambios que se generan a una velocidad cada vez mayor, es que se presenta la idea de implementar una especie de "RADAR", "sintonizado" (desarrollado) de manera particular, para cada empresa.

> Si buscas resultados distintos,
> no hagas siempre lo mismo
> *Albert Einstein*

Como se vio en el capítulo II, las oportunidades y dificultades propias de la era digital requieren del desarrollo de mecanismos capaces de aprender más rápido y de gobernar mejor.

Si el directorio a) no quiere estar gobernando con los ojos puestos en el pasado, b) si no quiere depender solo de la información que recibe de la administración y c) si no desea conformarse autocomplacientemente con los éxitos ya alcanzados, es decir *mirando las vacas lecheras por el espejo retrovisor*, debe entonces crear una herramienta que le permita mirar hacia delante.

El término RADAR, viene del inglés "*radio detection and ranging*" que significa detección y medición de distancia por radio. Haciendo uso de la analogía de la navegación en el mar, el radar se puede utilizar para detectar "contactos" que puedan representar riesgos para la nave y también como elemento de apoyo para la navegación, cuando se está en cercanías de costa.

Desde el punto de vista del operador del radar y de quien pilotea la nave, la información que entrega el radar ayudará a quien gobierna la embarcación a tomar las acciones necesarias para mantener un rumbo seguro (asumiendo que navega en aguas profundas), que le permita llegar al destino definido. La frecuencia con la cual revise la información entregada por el radar y con la que tomen acciones, estará relacionada con el riesgo asociado al lugar donde se encuentre navegando.

El objetivo del Radar –propuesto- para el Directorio será entonces el de:

- Detectar ::
    - oportunidades no identificadas, por la administración, en el plan estratégico
    - amenazas no identificadas, por la administración, en el plan estratégico
- Identificar::
    - Las oportunidades y amenazas en las cuales se deben enfocar
- Dar Seguimiento::
    - A las condiciones que han sido identificadas

Emulando la ayuda que ofrece un radar a quien es responsable por el gobierno de una embarcación, la propuesta del autor es que cada directorio genere un sistema propio de evaluación para la detección de las oportunidades y de los riesgos propios de su empresa (denominado RADAR) que le permita incluso llegar a identificar la necesidad de cambiar el plan estratégico, a tiempo.

La idea que se propone es que este sistema de detección y seguimiento para el directorio, esté compuesto por dos "especies" de "gráficos de araña" que registren la posición y el sentido de avance de los elementos definidos en dos grandes áreas: la cercana, llamada Nivel 1 y otra más lejana, llamada Nivel 2:

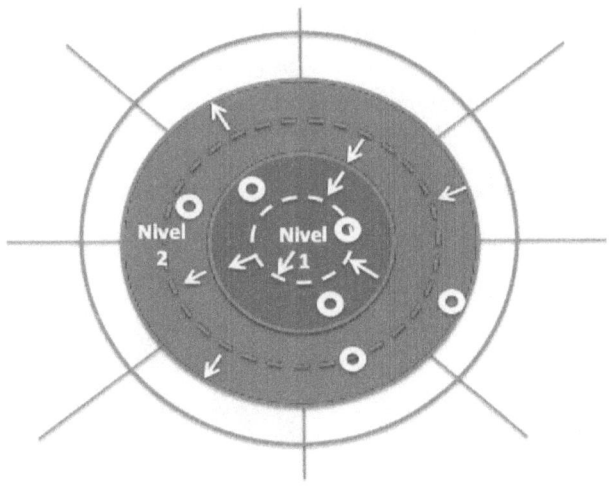

- En el nivel "1" se debieran *"trackear"* o se le debiera hacer seguimiento a las funciones básicas del buen gobierno corporativo, algunas de las cuales serán reiteradas más adelante en el presente capítulo. Estas corresponden a las que "tradicionalmente" han sido parte de las buenas prácticas de los gobiernos corporativos por lo que –dado que son conocidas y por lo mismo más fáciles de *"trackear"* y detectar- sugiero que su posición y sentido de avance se registre de manera más cercana al centro. Además, el daño que puede generar a la empresa el impacto de una posible falencia, no debiera tardar mucho en llegar.
- En el nivel "2" se debiera *"trackear"* la evolución de los elementos que la empresa requiera para hacer frente a la aceleración impulsada en la era digital. Si bien son fundamentales para la sobrevivencia en el mediano y largo plazo de la empresa, se representan más alejadas del centro que las de nivel "1", dado que la empresa podría operar en el corto plazo sin ellas y debido a que pueden además resultar más difíciles de detectar.

La composición del Radar en el plazo horizontal, incorporaría el monitoreo de elementos que se consideren relevantes así como la evaluación de su tendencia, como los que se muestran a continuación:

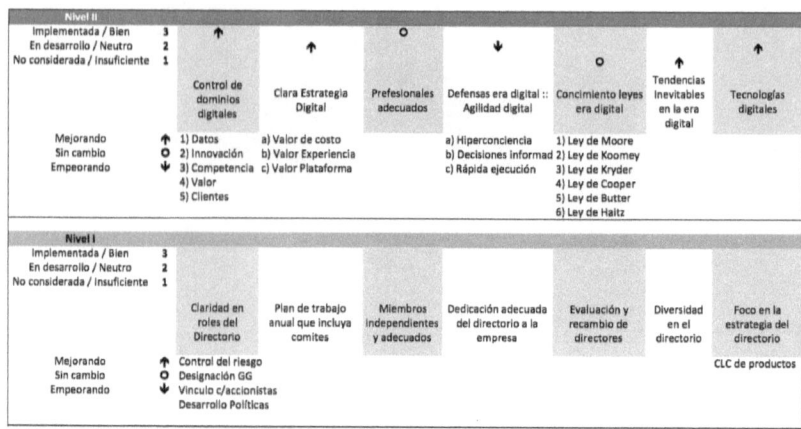

El Riesgo de no implementar el Radar

Si los directorios continúan funcionando en la era de la aceleración de la misma manera como lo hicieron antes y no desarrollan una herramienta propia de "ayuda al buen gobierno", estarán sujetos al menos a sufrir las consecuencias de lo siguiente:

a) Circularidad : los directorios continuarán tomando decisiones en base a la información y el enfoque que le da la administración. Dado lo anterior será difícil que vean lo que la administración no ve.

b) Uso de información del pasado : a los directorios les será más fácil continuar haciendo uso de la información generada por la administración, la que típicamente está basada en datos anteriores tales como la contabilidad, el registro de ventas, las auditorías, etc. Dado lo anterior, será difícil salirse del esquema de seguir dejar de mirar por el espejo retrovisor.

Elementos importantes a considerar en el Nivel 2

Dado que los elementos asociados a lo que he denominado Nivel 1 son conocidos, continuaré primero complementando lo indicado en el capítulo II con otros temas que considero de utilidad al momento de ayudar a los directorios, a definir los elementos críticos a ser monitoreados y evaluados en su respectivo nivel 2.

Las Vacas deben alimentar Estrellas

En la era de la aceleración, las empresas alcanzan un equilibrio dinámico entre la *explotación* de las capacidades actuales que generan ingresos y la *exploración* de nuevos negocios, los que típicamente en un principio generan gastos.

Es necesario comprender que lo que impulsa la transformación digital no es solo la tecnología sino una especie de *interacción entre la tecnología y la estrategia;* [65] pudiendo existir múltiples posiciones de equilibrio, las cuales son además dinámicas y por lo mismo, están asociadas a su vez a *éxitos transitorios*.

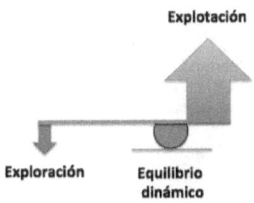

---

[65] Kane, Gerald; Palmer, Doug; Phillips, Anh; Kiron David and Buckley, Natasha (July 14, 2015). "Strategy, not Technology, Drives Digital Transformation". MITSloan Management Review and Deloitte University Press. Recuperado de http://sloanreview.mit.edu/projects/strategy-not-technology-drives-digital-transformation.

El equilibrio dinámico puede asimilarse al propio de andar en bicicleta: para conservar el equilibrio hay que mantenerse en movimiento. Entonces, el punto de balance que seleccione la empresa corresponde a una de las alternativas de *equilibrio dinámico* y debe irse ajustando conforme la realidad del mercado, de la empresa, así como de los productos & servicios tanto en explotación como en exploración.

En esta lógica, no es posible definir una receta para determinar el porcentaje de los ingresos que deben asignarse a la exploración. Ese número deberá ser materia de análisis recordando que existen de hecho dos riesgos importantes a evitar, para evitar caer en una de las dos posibles trampas:

1. Trampa de la *experimentación*, que ocurre al sobre-invertir en exploración.
2. Trampa de la *competencia*, que ocurre al sobre-invertir en explotación.

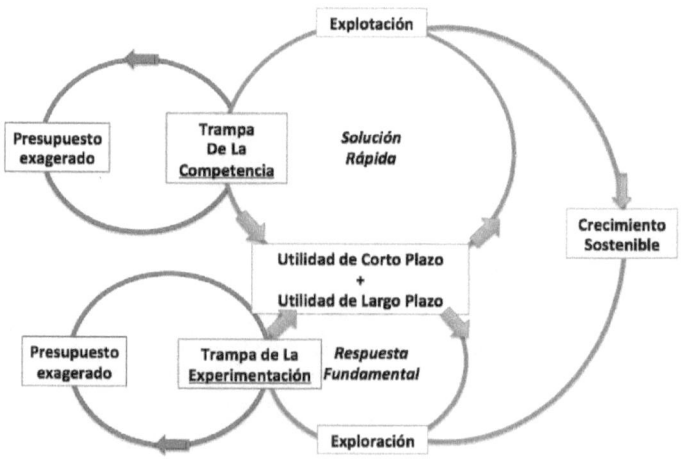

Utilizando como referencia el objetivo de alcanzar un crecimiento sostenible, la empresa tiene básicamente dos alternativas que balancear:

- La solución rápida consiste en hacer énfasis en la explotación de las actuales capacidades, esperando generar utilidades de corto plazo y teniendo la precaución de no caer en la trampa de la competencia.
- La respuesta fundamental consiste en invertir recursos en la exploración, con la esperanza de generar utilidades a mediano y largo plazo; teniendo la precaución de no caer en la trampa de la exploración.

Dado que la exploración está asociada a inversiones en investigación y desarrollo, experimentación, etc. debe ser controlada por el directorio puesto que una gerencia centrada en el corto plazo y/o encandilada en la era digital, podría preferir generar mayores utilidades en el corto plazo, reduciendo las inversiones en I&D en desmedro de la posición competitiva futura.

Las estrellas no nacen solas, se "crean" en el "espacio de las interrogantes".

Como dice Clayton Christensen en "How will you measure your life?[66]

> *Si una empresa ha ignorado invertir en un nuevo negocio hasta que necesite esas nuevas fuentes de ingresos y ganancias, ya es demasiado tarde. Es como plantar retoños cuando decides que necesitas más sombra. No solo no es posible que esos árboles crezcan lo suficiente como para crear sombra sobrevolando. Lleva años de nutrición paciente*

---

[66] C. Christiensen. J. Allworth & K. Dillon. How will you measure your life? HarperCollins. 2012

tener alguna posibilidad de que los árboles crezcan altos para proporcionarla.

Una de las situaciones que se quiere evitar es tener una empresa que siguiendo su plan estratégico alcance excelentes resultados, para luego en cosa de pocos años quedar fuera de mercado por no haber sabido explorar adecuadamente; tal como -desde cierta perspectiva- le ocurrió a Kodak y a Nokia.

El año 2014 el BCG revisó su famosa "Matriz de Crecimiento", también conocida como "matriz BCG" [67]; la misma que fue mencionada en la introducción, concluyendo lo siguiente:

- Las compañías circularon a través de los cuadrantes matriciales más rápido en el período de cinco años comprendido desde el 2008 hasta 2012, que en el período de cinco años desde 1988 hasta 1992.
- Dejó de ser válida la relación entre la participación de mercado y la competitividad sostenida.

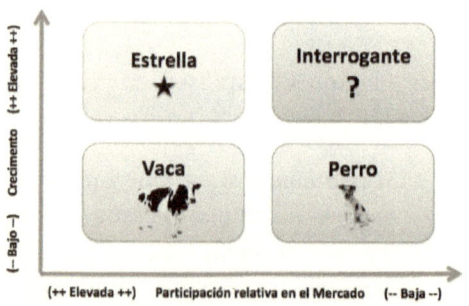

Recomendaciones planteadas por el BCG, relativas al uso de la Matriz 2.0:

---

[67] https://www.bcg.com/publications/2014/growth-share-matrix-bcg-classics-revisited.aspx

*"**Acelerar.** Es crítico evaluar la cartera con frecuencia. Las empresas deben aumentar su velocidad de reloj estratégica para que coincida con la del entorno, con ciclos de planificación más cortos y ciclos de retroalimentación que requieren procesos de aprobación simplificados para las decisiones de inversión y desinversión.*

Equilibrar la exploración y la explotación. *Esto requiere tener una cantidad adecuada de signos de interrogación y, al mismo tiempo, maximizar los beneficios tanto de las vacas como de las mascotas:*

- *Aumentar la cantidad de (?)*
- *Pruebe los (?) de manera rápida y económica*
- *Ordeñe las vacas eficientemente*
- *Mantenga las mascotas con la correa corta*

Seleccione rigurosamente. *Las empresas deben seleccionar cuidadosamente inversiones y desinversiones. Las empresas exitosas aprovechan una amplia gama de fuentes de datos y desarrollan análisis predictivos para determinar qué interrogantes se deben ampliar a través de una mayor inversión y qué mascotas y vacas deben vender de manera proactiva.*

Mida y administre la economía de la cartera de experimentación. *Comprender el nivel de experimentación requerido para mantener el crecimiento es importante para la sostenibilidad a largo plazo:*

- *Administre la tasa de experimentación*
- *Impulse el éxito de nuevos productos*
- *Mantenga un portfolio balanceado"*

Si se quiere que la empresa tenga un desarrollo y crecimiento sostenible, debe mantenerse invirtiendo y/o explorando con el objetivo de asegurar que sus Estrellas(★) y Signos de interrogación(?) sean capaces de generar los recursos necesarios para reemplazar las vacas y mascotas que están por terminar su vida útil.

El directorio de la empresa debe asegurarse que la administración haya definido y esté ejecutando un balance adecuado entre la explotación de los recursos actuales y la exploración de nuevas oportunidades, de manera que le permita a la empresa ser rentable y sostenible tanto en el corto plazo como en el futuro.

Pasos necesarios para ejecutar la transformación digital[68]

Generación de Valor
El foco del esfuerzo debe ser orientado hacia el aprovechamiento de las tecnologías digitales para transformar o crear procesos o negocios, dónde pueda obtenerse más valor.

Cambiar la medición del éxito
En el mundo digital se deben hacer pruebas, de manera de fallar y aprender rápido. Uno de los obstáculos que enfrenta la transformación digital obedece a un problema estructural, según el cual muchas empresas usan la tecnología básicamente como elemento de control y apoyo -por ejemplo a través de un ERP- siendo la administración de este entregada a la persona a la cual se le paga y mide por no tomar riesgos: el Gerente de administración y finanzas. El nuevo paradigma "falla rápido y aprende rápido" requiere que el éxito ya no se mida por los errores que se cometieron, sino que más

---

[68] Arnuncio, Pablo (1 Julio 2018). "El rol del directorio en la transformación digital". Recuperado de https://www.google.com.uy/search?q=Pablo+Arnuncio+de+EY.+El+Mercurio+1+de+Julio+2018.+Rol+del+Directorio+en+la+transformaci%C3%B3n+digital.&oq=Pablo+Arnuncio+de+EY.+El+Mercurio+1+de+Julio+2018.+Rol+del+Directorio+en+la+transformaci%C3%B3n+digital.&aqs=chrome..69i57.1325j0j7&sourceid=chrome&ie=UTF-8

bien por los objetivos que se alcanzaron y por los nuevos negocios que se desarrollarán con el aprendizaje que se obtuvo.

Poner el foco en las Personas
Si bien la transformación digital produce cambios en la forma de trabajar, la primera no se puede alcanzar sin un cambio cultural en la empresa. Por tanto, el foco debe seguir estando en las personas y en las gestiones necesarias para llevar a cabo los cambios.

Aprovechar el poder de los datos
Las empresas generan datos de formas diferentes y en diversos lugares, máquinas y sistemas. El desafío en la era digital, es el de aprovechar esta enorme cantidad de datos para generar valor, aumentar la productividad, tomar mejores decisiones y también para crear nuevos negocios.

Desarrollar redes de colaboradores
La velocidad y oportunidades asociadas a la era digital hace difícil pensar que la empresa, sea auto suficiente; por lo que deben generarse nuevas capacidades a través de la creación de nuevos asociaciones y formas de colaborar.

Reconocer dinámicas negativas en los directorios

Entendiendo que el directorio es el órgano de gobierno de la empresa, resulta fundamental que funcione de manera adecuada. En esta lógica, los profesores Katharina Pick y Kenneth Merchant, plantean que existen seis tensiones propias del funcionamiento de un directorio, las que si bien son particularmente difíciles y relevantes para el funcionamiento[69] deben existir de manera moderada:

a) Tensión de la cohesión social
b) Tensión de la discordia
c) Tensión de la seguridad psicológica
d) Tensión sentimientos colectivos
e) Tensión del pensamiento diverso
f) Tensión del líder fuerte

En complemento a lo anterior, los mismos profesionales mencionados plantean la importancia de reconocer las patologías de las que pueden adolecer los directorios y que deben ser evitadas:

a) Conformidad excesiva
b) Conflicto grupal negativo
c) Politiquería y formación de una coalición disfuncional
d) Rutinas habituales
e) Sesgo hacia la información compartida
f) Ignorancia pluralista
g) Holgazanería social
h) Polarización Grupal

Los investigadores en cuestión indican que para manejar efectivamente el funcionamiento del directorio, sus líderes y miembros deben primero entender las patologías, sus síntomas y sus causas. Estas podrían ser la causa principal de casi todos los fracasos en materia de gobierno corporativo, muchos de las cuales se evidenciaron en la última década.

---

[69] Pick, Katharina y Merchant, Kenneth (2012). "Six Recognizing Negative Boardroom Group Dynamics". Capítulo VI. En: Lorsch, Jay "The Future of Boards: Meeting the Governance Challengers of the Twenty-first Century". Harvard Business School Publishing Corporation.

Lo que hace más problemático el tratamiento de estas patologías es que no se las puede hacer desaparecer por completo. Al eliminar una patología se suele provocar que otra sea más prominente. La realidad es que manejar la dinámica de un directorio requiere malabarismos constantes para mantener todos los elementos alineados tal que la junta sea efectiva en cumplir sus requisitos corrientes más importantes.

Reconocer el ciclo de negocios de los productos y servicios ofrecidos

Los profesores Jarden Harris y Michael Lenox han desarrollado una simple herramienta llamada análisis[70] competitivo del ciclo de negocios (CLC) en un mercado dinámico; lo que permite ubicar los diferentes productos y servicios en tres fases:

---

[70] Harris, Jared and Lenox, Michael (2013). "The Strategist't Toolkit". Darden Business Publishing.

- Etapa 1: Emergente, la cual luego del reconocimiento del mercado pasa a la siguiente etapa
- Etapa 2: Crecimiento, en la que crecen los ingresos y con estos últimos también la competencia, hasta que los precios se reducen y se produce finalmente una sacudida del mercado en la cual eventualmente quedan unos pocos oferentes.
- Etapa 3: El crecimiento también es posible pero típicamente es más lento y a costa de quitarle mercado a la competencia; lo que típicamente conlleva una reducción de márgenes. Esta etapa termina cuando el producto es reemplazado por otro de tecnología superior o por un concepto diferente; ejemplo venta de CDs versus suscripción a Spotify o Pandora.

Elementos importantes del Nivel 1

Aun cuando los elementos asociados al Nivel 1 sean conocidos, a continuación se llevará a cabo una revisión de los temas principales que deben ser tomados en consideración.

Gobierno Corporativo

Creo que es importante comenzar por aclarar el origen del término *"gobierno corporativo"*. El profesor PhD Alfredo Enrione, del ESE Business School, explica el origen del término *"corporate governance"*[71] indicando que proviene del inglés y que su sentido se refiere a *ejercer el control* (governance) de una sociedad anónima (corporation)". Él mismo propone una definición que me parece adecuada y que quisiera compartir con los lectores: *"Conjunto de procesos, mecanismos y reglas del juego establecidos entre los*

---

[71] Enrione, Alfredo (2014). "Directorio y Gobierno Corporativo: el desafío de agregar valor en forma sostenida". ESE Business School.

propietarios, el directorio y la administración para dirigir la empresa, alcanzar los objetivos planteados, generar valor sostenible en el tiempo para sus accionistas y responder a los legítimos requerimientos de otros grupos de interés".

A continuación me parece importante responder a la pregunta ¿qué es un directorio? diciendo que sólo se trata de un grupo de personas elegidas por los accionistas de una empresa para llevar a cabo el gobierno de esta última -no su administración.

Agregaré a lo anterior alguna de las razones por las cuales las empresas debieran tener un buen directorio, por inteligente, hábil o capaz, que pueda ser el socio fundador y/o gerente o quien sea que esté a cargo de liderar la administración de la empresa:

- Aporta capacidades complementarias: un directorio debiera contribuir con aquellas capacidades que complementan las del gerente de la empresa.
- Establece normas que forman un Gobierno Corporativo y de entre estas, materializa el "balance" entre las expectativas de los diferentes accionistas.
- Contribuye con independencia para supervisar y asesorar a la administración, velando siempre por los intereses de la empresa.
- Establece la dirección estratégica de la empresa.
- Legitima la empresa y le da credibilidad ante el mercado.

Generalizando aún más y utilizando experiencia del mundo de las grandes corporaciones, en el cual típicamente la propiedad está atomizada en muchos pequeños accionistas (los que deben nombrar a un gerente para que administre la empresa), me parece oportuno citar al profesor B. Joseph White [72] quien considera que el directorio es el órgano que ayuda a resolver un problema que se origina por intereses que compiten. Lo anterior debido a que el objetivo de los

---

[72] White, Joseph (2014). "Do The Right Things: The Substance of Great Governance". En: Boards that Excel: candid insights and practical advice for directors. Capítulo 4. Berrett-Koehler Publishers.

dueños -accionistas- es el de maximizar el valor de la empresa y proteger el de sus activos; mientras que el interés de los gerentes es el de maximizar sus ingresos -su compensación- y el de satisfacer a los múltiples actores con los cuales interactúa. Dado que ambos intereses compiten por los mismos recursos, en su visión, el rol del directorio es el de:

a) Asegurar que el interés de los accionistas está por sobre los del gerente, cuidando el correcto uso de los recursos de la empresa.
b) Alinear los intereses de los accionistas y gerentes mediante el diseño de un plan de compensación basado en rendimiento, que asegure que el gerente gane cuando la empresa gane.

Hoy en día es posible observar una variedad de diferentes realidades en cuanto a temas de Gobiernos de Empresas:

- aquellas en las cuales una misma persona es el Presidente y CEO y/o el dueño del 100% de las acciones de la empresa es el Presidente y Gerente General, desempeñando de esta forma una misma persona tanto el rol de gobierno como el de administración sin contrapeso.
- otras en las que el Gerente tiene parte de la propiedad, compartiendo el rol de Gobierno y reteniendo el de administración.
- aquellas en las cuales el Gerente no tiene participación accionaria relevante y definitivamente cuenta con un directorio dedicado a los temas de gobierno.

Visión tradicional del medio en el cual viven las empresas

Todas las empresas se encuentran inmersas en un medio en el cual conviven con una serie de actores, que van más allá de clientes y proveedores, recibiendo la influencia generada por entes tales como los siguientes: grupos de interés, gobierno & congreso, normativas laborales, normativas técnicas, normativas tributarias, entes reguladores competentes, bancos, etc.

En el caso de empresas que tienen clientes y proveedores de diferentes nacionalidades, están expuestas además a las acciones y exigencias de los respectivos gobiernos a los cuales pertenecen dichas empresas.

Por lo tanto, la complejidad a la cual están sometidas las empresas puede llegar a ser tan grande que hace recomendable el que por un lado, incorporen un directorio y que por otro, hagan que este organismo funcione en beneficio de la empresa; tomando activas medidas para evitar que funcione de manera deficiente o que lo haga eventualmente beneficio del corto plazo y por sobre el interés de largo plazo de la empresa (MDP).

Visión no tradicional del medio en el cual viven las empresas

Las empresas operan en un mundo cada vez más complejo, debido a que el ambiente de negocios se ha vuelto más diverso, dinámico e interconectado que nunca y por lo mismo, menos predecible.

Es así como según el planteamiento de Reed, Levin y Ueda,[73] las empresas estarían desapareciendo más rápido que nunca a una velocidad 6 veces superior a la existente 40 años atrás. Lo que estaría detrás de este aumento en la "velocidad de muerte" sería la incapacidad para adaptarse a un ambiente cada vez más complejo, originado por las siguientes causales:

---

[73] Reeves, Martín; Levin, Simon y Ueda, Daichi. (Jan-Feb 2016). "The Biology of Corporate Survival". Harvard Business Review. Recuperado de https://hbr.org/2016/01/the-biology-of-corporate-survival

1. Las empresas están enfrentando el ambiente más diverso que se haya visto.
2. Los avances tecnológicos han aumentado el ritmo y el impacto del cambio.
3. Las empresas están más interconectadas que nunca.

Rol del directorio

En el entorno descrito anteriormente -tanto bajo la visión tradicional como desde la perspectiva denominada como no tradicional- si bien parece no existir una tabla de mandamientos para el rol que los directorios -al menos- para las empresas no abiertas en bolsa, comúnmente se aceptan las tres siguientes como sus obligaciones mínimas:

- aconsejar al Gerente
- apoyar en la toma de decisiones complejas
- monitorear el cumplimiento de los acuerdos adoptados.

Pero en estricto rigor y haciendo uso de la experiencia "formal" corporativa de empresas abiertas en bolsa, el directorio está para "gobernar" la empresa. Esto implica –entre otras cosas- que es el órgano responsable ante los accionistas por el correcto funcionamiento de la empresa y que su rol va mucho más allá de dar consejos y apoyar.

Por lo tanto, para asegurar el buen funcionamiento de una empresa hay otras actividades que deben ser incorporadas al listado de responsabilidades del directorio, particularmente en empresas medianas:

- Controlar la estrategia de la empresa.

- Velar por la correcta administración de la empresa, tomando medidas para evitar errores producto de un mal manejo de las operaciones.
- Asegurar que exista y/o desarrollar un plan de sucesión para el gerente general.
- Administrar el riesgo de la empresa.
- Verificar el cumplimiento a las normativas legales vigentes.
- Asegurar la implementación de mecanismos de control de conflictos entre accionistas, sean estos de primera, segunda o tercera generación (hijos, nietos, etc.).
- Renovar los miembros del directorio, adecuándose a las necesidades de la empresa.
- Designar al gerente general y definir el esquema de compensación de los ejecutivos.
- Dadas las funciones indicadas y ahora para que un directorio funcione adecuadamente, debiera entonces cumplir al menos con lo siguiente:
- Haber sido bien constituido, considerando combinar experiencias complementarias en miembros que cuenten con gran habilidad.
- Sus miembros deben invertir –más allá de la mera sesión de directorio- todo el tiempo necesario para comprender en profundidad la realidad de la empresa.
- Debe ser capaz de actuar con independencia a la vez que debe entender la compañía y su respectiva industria, sin caer en los males que suelen afectar el comportamiento de los grupos.
- Debe ejercer su autoridad, más allá de dar consejos.
- Debe hacerse responsable de sus acciones y omisiones.

Para cumplir su rol y desde el punto de vista organizacional, el directorio se encuentra jerárquicamente ubicado por sobre el gerente general, siendo responsable de la selección, contratación y evaluación de éste último. Pero debe tener la precaución de no pretender ejercer "mando ejecutivo" sobre los subordinados del gerente general, ni de generar un ambiente burocrático.

En lo formal y nuevamente en base a la experiencia de las grandes empresas en cuanto a gobiernos corporativos,[74] el directorio debe cumplir con las siguientes funciones:

- Mantener el vínculo con los accionistas y definir resultados que deben ser alcanzados por la organización, así como establecer los límites a sus ejecutivos.
- Desarrollar políticas necesarias para guiar la organización.
- Asegurar el rendimiento de la organización, verificando que avanza hacia los resultados que se buscan alcanzar y que se hace cumpliendo las políticas establecidas.

Dicho lo anterior y en consideración a que la realidad que enfrentan las medianas empresas es diversa -reconociendo que van desde emprendimientos que están en sus inicios hasta empresas maduras con decenas de años de historia- sugiero aceptar que en la práctica, las medianas empresas pueden asignar diferentes roles a sus directorios conforme van pasando por diferentes etapas.

Los roles que asumirá el directorio podrán cambiar según sea el tipo de empresa, el nivel de participación que los accionistas tengan en la administración, así como el nivel de desarrollo de la compañía, etc.

De este modo, las *empresas no abiertas a la bolsa* podrían evolucionar a lo largo del tiempo desde contar con un asesor, pasando por un consejo de asesores, hasta llegar a tener un directorio formal, el cual más allá de aconsejar al gerente general -como en los dos primeros casos- efectivamente gobierne la empresa.

---

[74] Ver Modelo de Carver: http://www.policygovernance.com/pg-corp.htm

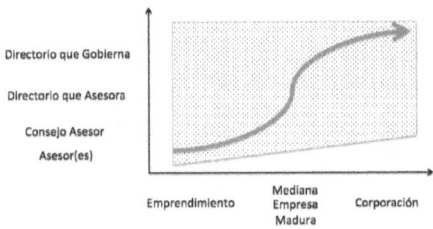

Tipos de directorios y empresas

Es así como el cuadro superior, pretende sintetizar gráficamente el hecho que diferentes tipos de empresas pueden asumir diferentes instancias de gobierno. En el caso de las empresas no abiertas a la bolsa (llamadas medianas empresas), es común que sus accionistas tengan una participación activa tanto en el gobierno de la compañía como en su gerenciamiento; por lo tanto su rango de alternativas que va desde el contar con un consejo asesor hasta un directorio que gobierne la empresa. Lo importante para estas empresas, es que los accionistas se sientan cómodos con la alternativa que definan, ya sea el contar con un consejo asesor o un directorio, para cumplir el rol de gobernar la empresa.

El Directorio y la resistencia al cambio

Es común escuchar y ver que las organizaciones y las personas que las conforman, se resisten al cambio.

Es fácil caer en la tentación de creer que la resistencia al cambio sólo viene de los trabajadores de las empresas. Pero ¿qué pasa cuando la resistencia al cambio viene también del gerente, del socio fundador o incluso del presidente del directorio de una empresa? ¿Qué instancia, además del fracaso que puede propinar el mercado, tiene la capacidad para evitar un descalabro? De hecho, existen numerosos ejemplos de empresas que lograron notables éxitos irrumpiendo en mercados dominados por actores que contaban con "posiciones" formidables y que en su camino al éxito, destronaron a los que otrora fueron los líderes.

Sin duda alguna, el directorio tiene un rol que jugar en la capacidad para detectar y proteger a la empresa de los daños que la resistencia al cambio puede causar. Además, tiene el poder y la obligación de actuar a tiempo.

Foco que debiera tener el directorio

Si las empresas no viven una realidad estática, los directorios también debieran ir adaptando su trabajo, su enfoque y sus capacidades a los requerimientos propios de la "etapa de vida" por la que está pasando la empresa.

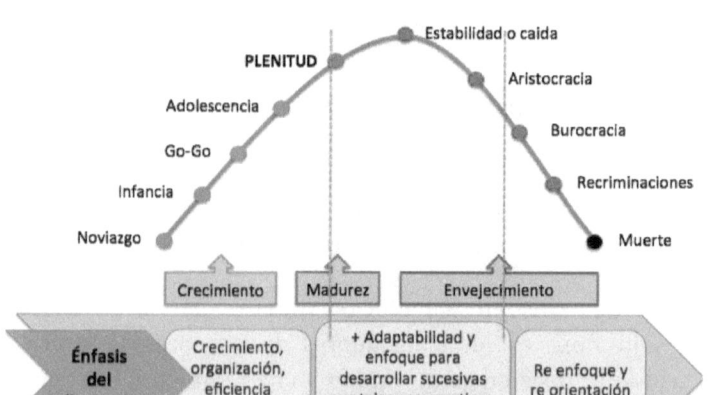

Adaptación del énfasis del directorio a los requerimientos propios de la evolución de la empresa

Si se utiliza como referencia el modelo de Adizes, descrito en el siguiente capítulo, por ejemplo, podría decirse que en las primeras etapas, asociadas al período de crecimiento, el equipo ejecutivo de la empresa requerirá probablemente mayor apoyo para administrar el "desorden" propio del crecimiento, para incorporar el cumplimiento de normativas y para adoptar buenas prácticas tendientes a definir roles y separar funciones. También tendrá que enfrentar la adaptación del rol de fundador y posiblemente, ordenar la participación de los familiares y otros.

En el período de madurez, la empresa enfrentará problemas que no habrá conocido aún. Correrá el riesgo de "dormirse en los laureles", de rigidizarse, de no seguir innovando, de perder el "impulso emprendedor", etc. El directorio deberá entonces, anticipar estos riesgos, haciendo lo necesario para que se conviertan en oportunidad y para mantener a la empresa en el "estado de plenitud".

Finalmente, si la empresa salió de la etapa de plenitud y entró en la fase de envejecimiento o si la empresa ha vivido un "shock" externo de proporciones como el sufrido en el ejemplo de la industria fotográfica por Kodak y Fujifilm, el directorio deberá enfrentar una nueva secuencia de etapas, cada una más difícil de revertir que la anterior y tendrá el desafío de hacer que la empresa regrese al estado de plenitud.

Fuentes de información de los directorios

La información que tengan los directores servirá de base para la toma de decisiones. Un problema que puede surgir está ligado a que -al menos en el mundo corporativo-, los informes que reciben los directores son preparados por la plana ejecutiva de la empresa, la que asumiendo que está compuesta por gente honesta y trabajadora, tendrá una tendencia a destacar lo bueno. De hecho, aún gente trabajadora, además de destacar lo bueno, puede llegar a "disfrazar" o justificar inadecuadamente los aspectos negativos de la operación.

Dado lo anterior es que los directorios, más allá de atenerse a sólo revisar los informes presentados por la gerencia, debieran al menos:

- Validar las fuentes de la información.
- Hacer uso de contabilidad auditada.
- De ser necesario, solicitar se incorpore nueva información.
- Definir una frecuencia de presentación de la información que se condiga con las capacidades administrativas de la empresa.

Relación del directorio con los ejecutivos

Para que un directorio sea efectivo, debe ser capaz de mantener un delicado balance en la relación con los ejecutivos de la empresa. Por un lado deben tener una actitud desafiante y crítica, y por otro una de apoyo.

Los directorios pueden conformar comités de trabajo para avanzar en temas puntuales, más allá de las reuniones de directorio. Estos comités pueden informar sus avances al directorio y deben sentirse en libertad de sesionar sin la presencia del gerente general.

Algunos de los comités más comunes son los que se indican a continuación, pudiendo existir otros según el tipo de empresa e industria donde se desempeñe:

Algunos comités conformados en directorios		
Estrategia	Auditoria	Investigación
Finanzas	Riesgo	Marketing
Compensación	Etica	Relaciones Públicas
Inversiones	Seguridad	Cumplimiento normativas

Involucramiento del directorio en la estrategia de la empresa

Los directorios deben ser capaces de identificar, reaccionar e idealmente anticipar cambios que puedan afectar la industria en la cual opera la empresa. En el ejemplo citado en la introducción, se habló de la errada reacción –ante un "shock" externo– que implementó Kodak, a continuación, se presenta un breve resumen de la exitosa y heterogénea respuesta de Fujifilm.

Fujifilm versus Kodak. Empresas públicas que enfrentaron el "shock" de la tecnología digital con un enfoque diferente.

Aquellos que hayan nacido antes del año 2000 podrán recordar que al entrar a una tienda de fotografía había típicamente unas cajas amarillas y otras verdes que alijaban rollos fotográficos pertenecientes a dos grandes fabricantes, Kodak y Fujifilm.

La "Fuji Foto Film" fue fundada en 1934 en una pequeña ciudad ubicada a los pies del monte Fuji, en Japón, con el objetivo de ser el primer productor japonés de películas fotográficas. Llevando a cabo un esfuerzo sostenido en esta área durante los siguientes 10 años, la compañía alcanzó la producción nacional de películas fotográficas y cinematográficas e impresión de las películas fotográficas en rayos X. En los años 40, la "Fuji Photo" entró en los mercados de los cristales ópticos, lentes y equipos. Después de la Segunda Guerra Mundial, la empresa promovió la diversificación, introduciéndose en los sectores médico (diagnóstico con rayos X), de la impresión, de imágenes electrónicas y de los materiales magnéticos. En 1962, la Fuji Photo y la empresa británica Rank Xerox Limited (ahora Xerox Limited), lanzaron la Fuji Xerox Co. Ltd., una "joint venture".

Desde mediados de 1950, Fuji Photo aceleró el establecimiento de bases de ventas internacionales. En la década de 1980, con el objetivo de lanzar su marca Fujifilm internacionalmente,

Fuji Photo expandió la producción y otras bases en el extranjero, acelerando el ritmo de la globalización de su negocio. Por otra parte, Fuji Photo lideró la industria en el desarrollo de las tecnologías digitales para su aplicación en las empresas relacionadas con la fotografía, medicina e impresión. Estas tecnologías permitieron a Fuji Photo convertirse en una fuerza impulsora en el desarrollo de estos mercados Fujifilm y KodaK, sirve de ejemplo para pensar en que más allá del origen externo de la amenaza fue la "respuesta interna" la que marcó la diferencia.

Como ya se indicó en un ejemplo anterior, la "Eastman Kodak Company", más conocida como Kodak, tiene su origen en la "Eastman Dry Plate Company" fundada por el inventor George Eastman en 1888 y por Henry Strong. Su gran éxito comercial se inició con la comercialización del carrete de papel en el año 1888 -lo que permitió evitar el uso de placas de cristal empleadas hasta el momento- y con la introducción al mercado de una cámara innovadora para aquellos años -la Kodak 100 Vista- la que utilizaba carretes de 100 fotos circulares, en lugar de placa. Kodak logró exitosamente hacer de la fotografía algo simple y fue conocida por el slogan "ud. aprieta un botón, nosotros hacemos el resto".

A finales de los 90, la industria fotográfica sufrió una crisis cuando la fotografía digital llegó al mercado de los consumidores, afectando rápidamente la demanda por rollos fotográficos. A diferencia de Kodak, Fujifilm respondió con una serie de reformas[75] radicales orientadas a diversificar el negocio por la vía de asociarse con empresas, de invertir en I&D y de comprar cerca de 40 empresas; no solo explorando alternativas que podrían haberse considerado en "mercados adyacentes", sino que abriendo su análisis hacia áreas de negocios completamente nuevas tales como la farmacéutica y cosmética, dado que a través de ellas podía aprovechar las fortalezas en química y materiales. El mercado fotográfico "tradicional" alcanzó su máximo el año 2000, durante los diez años siguientes se contrajo en un 90% llevando a Kodak a declarar la quiebra -acogiéndose al

---

[75] Reeves, Martin; Levi, Simon y Ueda, Daichi (January-February 2016). "The Biology of Corporate Survival". Harvard Business Review.

capítulo 11- el día 11 de Enero del año 2012; período en el cual Fujifilm a diferencia de Kodak, se consolidó como un sólido grupo empresarial.

Más allá de las estrategias implementadas por ambas empresas para enfrentar el shock de la digitalización en el mercado de la fotografía tradicional -cuyo análisis no es foco del presente libro- la diferencia en el enfoque implementado por los líderes de Fujifilm y de Kodak, sirve de ejemplo para pensar en que más allá del origen externo de la amenaza fue la "respuesta interna" la que marcó la diferencia.

Es así como una buena parte de las razones por las cuales las empresas no alcanzan su máximo desarrollo potencial, se podría asociar a una "conducción inadecuada". Es decir, aun cuando parezca contradictorio o contra intuitivo, una empresa que alcanzó lo que el Dr. Adizes llamaría madurez, si no pasa a ser víctima de la *inercia rigidizadora*, debiera ser capaz de reaccionar a cualquier situación adversa, sobrevivir a ella e idealmente, convertirla en oportunidad, tal como lo hizo Fujifilm.

Esto no significa que la única causa de mala conducción esté asociada a errores estratégicos cometidos por una *inercia rigidizadora o cegadora*. Muy por el contrario, una empresa es una organización compleja y alcanzar su máximo desarrollo potencial requiere de buena conducción en los múltiples ámbitos que la componen, es decir, en aspectos organizacionales, operacionales, comerciales, productivos, financieros, de I&D, etc.

Si bien estas dos empresas se vieron enfrentadas a un mismo "shock" externo, las reacciones fueron radicalmente diferentes al nivel que Kodak terminó una larga agonía acogiéndose a la quiebra el año 2012 mientras que Fujifilm continúa siendo una empresa muy exitosa; lo que sugiere la importancia que tiene el involucramiento del directorio en la estrategia de la empresa. Los directorios deben evitar las patologías que los pueden afectar, tal como por ejemplo la "conformidad excesiva".

Los directorios no están llamados a asistir a una mera reunión mensual de revisión de balances ni a convertirse en *buzones* del plan estratégico presentado por la gerencia de la empresa. Por el contrario, los directores deben:

- Preparar la sucesión del CEO / Gerente General.
- Trabajar en conjunto con la gerencia en la elaboración del plan estratégico.
- Seguir sus convicciones.
- Identificar innovaciones que puedan resultar disruptivas y hacerlo a tiempo para reaccionar.
- Controlar la correcta ejecución de la estrategia.
- Proteger a la empresa, de ser necesario, incluso de malas decisiones tomadas incluso, eventualmente, por sus mismos fundadores.

Para aquellos que consideren que el preparar la sucesión del Gerente podría no parecer un tema importante les comento que según Eben Harrell,[76] cada año entre el 10% y el 15% de las corporaciones deben designar un nuevo CEO (Chief Executive officer o Gerente General) debido a diversas razones tales como la jubilación, renuncia, problemas de salud, etc. Además, de acuerdo a una encuesta realizada por *Heidrick & Struggles* y el *Rock Center for Corporate Governance* de la Universidad de Stanford, solo el 54% de los directorios se encuentran preparando un candidato específico y 39% no tiene candidato interno viable capaz de reemplazar al Gerente General, si es que surgiera la necesidad.

---

[76] Harrell, Eben (December 2016). "Succession Planning: What the Research Says". Harvard Business Review.

Independencia de los directores

Más allá de lo que establezca la ley en los diferentes países y por cierto, en complemento a esta última, los directores son elegidos por los dueños o accionistas, para gobernar las empresas. Es en esta lógica que los directores más que preocuparse por representar al accionista(s) que lo designó, deben actuar en beneficio de la empresa aun cuando esto último implique el discrepar con el accionista que los eligió. Esto se debe a que en última instancia es la empresa lo que los accionistas quieren proteger.

Para comprender el párrafo anterior, el lector puede pensar en la siguiente analogía: al visitar a un médico, aun cuando sea uno quien seleccione al profesional y sea uno quien le pague, será el médico quien emitirá un diagnóstico y determinará el tratamiento. Estas acciones, estarán guiadas por el conocimiento técnico y el interés del médico en la salud del paciente, no en complacer el gusto del paciente quien podría no estar interesado en reconocer que tiene una determinada dolencia y/o en aceptar que requiere de un tratamiento que podría no gustarle.

Es así como la comúnmente mencionada "independencia" de los directores, no debe entenderse sólo en cuanto a que estos no deben estar vinculados a una empresa de la competencia, puesto que de estarlo, faltarían a la ética profesional más básica y podría constituir un *"interlocking"* entre empresas competidoras, práctica que podría llegar a ser ilegal. De esta manera, la independencia, debe aceptarse como una verdadera autorización para que cada director en conciencia piense y decida en base a lo que estima es lo mejor para la empresa.

Si de verdad se aspira a tener empresas que superen la etapa de crecimiento y lleguen y permanezcan en un *estado de plenitud*, el hecho de que los directores sean también independientes respecto de los dueños -en favor de la empresa- será uno de los "seguros" más efectivos que los mismos accionistas tendrán para proteger su propio interés: el bien y la continuidad de su empresa.

Lamentablemente, lograr la independencia de los directores respecto de los dueños que los designa es una de las cosas difíciles de conseguir. Esto último debido a que particularmente en materias complejas o en aquellas que se relacionen con temas familiares, o de egos, etc. se produce un incentivo de parte del director elegido a no discrepar con el accionista que lo seleccionó y por lo mismo, a evitar conflictos.

Si bien el tema de las dinámicas de los directorios no se trata en el presente libro, aquellos que deseen profundizar en el tema pueden encontrar información en el capítulo V del libro "Gobierno Corporativo para la Mediana Empresa". Al respecto, cabe decir que los directores independientes se ven enfrentados a una serie de riesgos y dificultades entre los que resulta conveniente destacar los siguientes:

- Pueden tardar años en llegar a tener un conocimiento profundo de la empresa, que les permita convertirse en un verdadero aporte.
- Los directores independientes son más dependientes que los directores "internos" de la información entregada por la gerencia.

Algunos famosos fundadores que fueron despedidos de sus empresas

Una de las razones por las cuales estimo que los directores deben buscar el beneficio de la empresa y estar involucrados en su estrategia, más allá de preocuparse por representar a los accionistas, se puede ver en aquellos casos en los cuales el directorio, debe sacar de sus cargos a quienes han sido los socios fundadores.

Claramente la idea del presente libro y del directorio no es la de actuar en contra del gerente general y menos cuando este último ha sido el fundador de la empresa. Pero a modo de referencia y para ser consecuentes con la realidad, cito a continuación algunos casos de empresas ampliamente conocidas en las cuales el directorio debió solicitar la salida de uno de sus socios fundadores de la gerencia de la empresa.

1. Steve Jobs, co-fundador de Apple

El icónico hombre de Apple no siempre fue el rostro de la empresa que co-fundó en 1976. Jobs fue forzado a dejar Apple en 1985 después de una pelea con la junta directiva. Regresó en 1996 para servir como CEO interino y se convirtió en CEO permanente en 1997, después de que Apple compró NeXT, la empresa que fundó cuando estuvo fuera de Apple.

2. Mike Lazaridis, fundador de Research In Motion (RIM)

Lazaridis, pionero en la tecnología smartphone, fue co-fundador de Research In Motion que fabricó el BlackBerry. Lazaridis renunció al rol de CEO en 2012. Si bien hubo rumores de que su "retiro" se debía a las presiones de los accionistas, lo concreto es que dejó la empresa por completo después del lanzamiento del BlackBerry 10, un smartphone que la empresa esperaba compitiera con el iPhone.

3. Jerry Yang, co-fundador de Yahoo!

Fue pionero en los motores de búsqueda de internet a finales de la década de 1990, pero batalló por mantenerse relevante frente a gigantes como Google y Facebook. Fue en este clima y en medio de una crítica por rechazar una oferta de compra de Microsoft por USD$47,500 millones que la junta despidió a Yang como CEO en 2008. Yang inició la empresa en 1995 y permaneció involucrado hasta separarse por completo.

4. Martin Eberhard, co-fundador de Tesla
5. Aubrey McClendon, fundador de Chesapeake

6. Andrew Mason, fundador de Groupon
7. David Neleman, fundador de JetBlue

Dedicación a la empresa

La encuesta desarrollada por McKinsey y el "Canada Pension Plan Investment Board" -cuyos resultados principales fueron citados al inicio del presente capítulo- deja en claro el precario funcionamiento de muchos directorios. Varios de los casos de empresas privadas descritos, coinciden en la falta de entendimiento alcanzado por los directorios, al menos en los casos en que las empresas contaban con directorios.

Solo a modo de referencia para accionistas que busquen revisar el funcionamiento de sus directorios, les presento el siguiente cuadro[77] desarrollado por el profesor de Harvard Business School, Jay W. Lorsch y por el consultor Colin B. Carter en el cual se correlaciona la dedicación en días que los directores debieran dedicar a las empresas, con el estilo del directorio y la situación de la empresa:

		Estilo del directorio	
		Observador	Desafiante
Situación de la empresa y complejidad de la Industria	Demandante	20 días al año	40 días al año
	Estable y satisfactoria	10 días al año	20 días al año

---

[77] Lorsch, Jay y Carter, Colin (2003). "Back to the Drawing Board: Designing Corporate Boards for a Complex World". Chapter IV: Different roles for Different Boards. Harvard Business School Press.

Como complemento al cuadro mostrado y dado el hecho que pareciera no existir un criterio único que regule la dedicación requerida para lograr el buen funcionamiento de un directorio, resumo otras consideraciones que típicamente pueden ser de utilidad al momento de organizar un directorio:

a) Para llevar a cabo una buena función, no basta con que un directorio esté constituido por miembros adecuados. Este órgano debe invertir el tiempo necesario para entender la realidad de la empresa.
b) Existen realidades radicalmente diferentes en los distintos tipos de empresas por lo que referencias de empresas de un mismo nivel de facturación o de una misma industria no debieran ser utilizadas al momento de asignar la cantidad de tiempo: cada empresa debe asegurarse que su directorio comprende a cabalidad la compañía y la industria en la que opera.
c) La experiencia que posean los directores así como el estilo de gobierno de los directorios, también influirá en el tiempo necesario para que el ente directivo alcance un buen nivel de comprensión de la empresa y su entorno.

Separación del cargo de presidente del directorio del de gerente general

Si bien este es un tema en el cual tampoco existe un "consenso" o una "norma", me parece importante plantear algunos argumentos detrás de las dos grandes alternativas:

a) Separación del cargo: que el presidente del directorio no sea además el gerente general evita que se produzca un exceso de poder que facilite desde cometer errores en el gobierno, pasando por los más diversos tipos de abusos y terminando en fraudes, como los ocurridos en un sinnúmero de empresas. Pero para aquellos que no estén convencidos de la conveniencia de la separación del cargo, agrego que se produce un *problema de circularidad*, según el cual la misma persona que preside el directorio hace de gerente de la empresa y por lo tanto determina la agenda del directorio, dirige sus reuniones, asigna el trabajo y le da la realimentación a los mismos directores; quienes tienen por función a su vez supervisar al mismo gerente, evaluar al mismo gerente, definir la compensación del mismo gerente, administrar la sucesión del mismo gerente y aprobar las propuestas del mismo gerente.

b) Que el presidente del directorio sea además el gerente general, permite al presidente y gerente General, organizar el directorio de manera que puede maniobrar de manera más rápida. Si bien ofrece el riesgo indicado en el punto anterior, reduce el peligro de contar con presidentes del directorio que no estén lo suficientemente involucrados en la empresa.

En lo personal, prefiero el sistema en el cual el presidente del directorio no usa el cargo de gerente general, siempre y cuando exista un directorio profesional, bien conformado y que opere de manera efectiva.

Recambio de directores

El recambio de los directores es otro de los temas sobre el cual es posible observar diferentes soluciones así como muchas omisiones. Como una medida tendiente a facilitar el diseño de la solución más adecuada para cada empresa, estimo considerar lo siguiente:

a) Los directores deben alcanzar un elevado nivel de conocimiento de la industria y en particular de la empresa, por lo que sus períodos no debieran ser cortos; es decir, no debieran ser menores a 4 años, por dar una referencia.

b) Debe establecerse un mecanismo que permita hacer reemplazos de directores de manera "pseudo-automática", es decir, sin necesidad de comprometer la relación de amistad que normalmente se produce entre los dueños y los directores.

Dicho lo anterior, existen diferentes mecanismos tendientes a facilitar el recambio de los directores, algunos de los cuales indico a continuación:

a) Nombrar a los directores por un período fijo sin recambio (por ejemplo, por un período de cuatro años): Por un lado puede ser positivo puesto que evita a los dueños el paso doloroso de tener que comunicarle a un amigo que debe dejar el directorio. Puede ser negativo, por cuanto se puede perder información y conocimiento valioso para la empresa.
b) Nombrar a los directores por un período fijo con una sola opción de reelección: es una alternativa a la propuesta anterior, con la sola diferencia que incorpora la flexibilidad de alargar sólo por un período la permanencia de un director que pueda ser considerado muy valioso. Puede ser negativo el hecho que el uso discrecional, podría generar conflictos con otros directores a los cuales no se les pida la continuidad por el segundo período.
c) Nombrar a los directores por períodos de un año con renovación: Por un lado puede ser positivo, por cuanto permite ir ajustando los directorios con mucha rapidez y flexibilidad ante los cambios. Por otro lado puede resultar negativo, si es que los dueños no se atreven, por las razones que sean del caso, a no renovar la permanencia de uno de los miembros mientras mantiene al resto.

Diversidad

La diversidad es un término que con frecuencia es mal interpretado. Margaret Neale, profesora de la cátedra de Organizaciones y Resolución de disputas de la de la Stanford Graduate School of Business, ha realizado estudios notables respecto de la diversidad en el trabajo:

> "Lo que no se ve es que la diversidad tiene un efecto directo en el rendimiento. Resulta que diferentes tipos de diversidad generan diversos tipos de conflictos, lo que afecta el desempeño de un equipo. El tipo de conflicto de grupo que existe y cómo el equipo maneja el conflicto determinará si esta diversidad es eficaz para aumentar o reducir el rendimiento".[78]

En un extremo, si todos los miembros de un directorio piensan de igual manera, no serán capaces de detectar problemas y riesgos que afecten a la empresa. Dado lo anterior, resulta conveniente considerar que el directorio incluya personas que jueguen roles complementarios. Una buena forma de alcanzar este objetivo es contar con miembros diversos y una forma práctica de "partir" con la diversidad es incorporando a mujeres y otras "minorías" dentro de los directorios.

Dado que en la inmensa mayoría de los casos, los miembros de los directorios son hombres, existen países -particularmente europeos- que han incorporado legislación tendiente a hacer obligatoria la incorporación de mujeres.

Si bien no existe consenso respecto de los beneficios que la incorporación de mujeres pueda entregar a las empresas, a continuación se muestra un cuadro de normativas que están siendo

---

[78] Ver: Stanford GSB Staff (1999). "Diversity and Work Group Performance". Recuperado de https://www.gsb.stanford.edu/insights/diversity-work-group-performance

implementadas progresivamente en algunos países de Europa, para directorios de empresas abiertas en bolsa.[79]

País	Cuota de Mujeres	Fecha Inicio	Empresas incluidas
Bélgica	1:3	2017	Grandes empresas que cotizan en bolsa
Francia	40%	2017	Empresas más grandes
Islandia	40%	2013	Empresas públicas
Italia	33%	2011	Empresas abiertas a la bolsa
Malasia	30%	2016	Empresas privadas
Holanda	33%	2015	Empresas abiertas a la bolsa y otras grandes empresas
Noruega	40%	2009	Empresas públicas en bolsa y otras estatales
España	40%	2015	Empresas estatales

En complemento a la información anterior, también puede ser útil el analizar la cantidad de mujeres que participan en directorios en los diferentes países:

---

[79] Ver: Para mayores antecedentes ver sitios web de: Gobierno UK, Deloitte, Parlamento UK, Europar:
https://www.gov.uk/government/uploads/system/upload/attachment_data/files/31480/11-745-women-on-boards.pdf
https://www2.deloitte.com/global/en/pages/risk/articles/women-in-the-boardroom-a-global-perspective.html

Country	%	Country	%
Norway	36,7	France	29,9
Sweden	24,4	Italy	22,3
Finland	22,1	Denmark	21,8
Belgium	18,3	Germany	18,3
South Africa	17,5	New Zealand	17,5
Netherland	17,3	Austria	16,3
Israel	16,2	United Kingdom	15,6
Australia	15,1	Ireland	14,4
Canada	13,1	Spain	12,5
United States	12,2	Luxemburg	11,5
Malaysia	10,4	Switzerland	10
Turkey	10	Thailand	9,7
Greece	9,6	Singapore	9
China	8,5	Hong Kong	8,4
India	7,7	Philipines	7,4
Colombia	7	Brazil	6,3
Mexico	6,2	Russian Fed.	5,7
Taiwan	4,9	Chile	3,8
Indonesia	3,7	Japan	2,4

Source: Deloite, Women in the board room, 2015

Diseño del directorio

Para que una empresa aspire a alcanzar su máximo potencial, es conveniente que lleve a cabo un buen diseño de su directorio. Si bien la palabra "diseño" podría parecer exagerada, quisiera aclarar enfáticamente que no lo es.

Una de las prácticas comunes en medianas empresas es que cuando él o los dueños de las empresas deciden implementar un directorio, comienzan pensando en personas "con nombre y apellido" en lugar de partir por definir los roles, con la experiencia y los conocimientos necesarios para que el directorio pueda cumplir con sus funciones.

Es importante que el directorio esté compuesto por personas bien preparadas, que entienda la industria en la que se desempeña la empresa, que tengan experiencia que le sea útil a esta última y que esté en sintonía con los desafíos estratégicos que está enfrentando la empresa.

De hecho, existen empresas que brindan el servicio de asesoría en el diseño y posterior constitución de directorios.

Algunos de los roles que puede ser de utilidad "cubrir", al momento de definir el perfil para un determinado director, podrían ser los siguientes:

- Desarrollo de negocios
- Conocimiento de la industria
- Conocimiento de un determinado proceso
- Experiencia financiera
- Experiencia comercial
- Experiencia organizacional
- Habilidad para entender la economía y el entorno de negocios
- Experiencia estratégica
- Conocimiento de mercados internacionales (donde opera la empresa)

Otro aspecto que pudiera parecer "blando" pero que no lo es y que sugiero sea considerado al momento de diseñar un directorio es elegir como directores externos (no familiares ni ejecutivos), a personas que más allá de contar con las competencias e independencia necesarias, cuenten con la disposición requerida para actuar a tiempo, para hablar de manera sincera y plantear una opinión de manera directa, aun cuando esta última sea discrepante de lo planteado por todo el resto del directorio.

Si de verdad busca que su empresa trascienda, seleccione entonces a personas que le digan lo que realmente usted no ve y necesita saber en el momento oportuno. Considere un antiguo proverbio Chino que dice:

"Las palabras elegantes no son sinceras,
las palabras sinceras no son elegantes"
Lao Tsé

Remuneración de los directores

La remuneración de los directores debe ser lo suficientemente buena para que le asignen el tiempo requerido, pero no lo suficientemente buena como para que no estén dispuestos a renunciar.

Los miembros de un mismo directorio, no deben tener necesariamente la misma remuneración. Por ejemplo, podría ser conveniente contar con la presencia de un miembro muy prestigiado cuya remuneración sea superior a la del resto de los participantes. De ser este el caso, mi única recomendación es que esto sea manejado de manera absolutamente transparente.

Más allá de la cantidad de reuniones, resulta conveniente plantear una remuneración mensual, basado en el hecho que la responsabilidad es permanente.

También se puede considerar el agregar una remuneración extra por la participación en determinados comités.

Un elemento que permite reducir el riesgo legal al cual están expuestos los directores y con ello evitar pagar una prima extra en la dieta, es el de contratar un seguro para directores y ejecutivos conocidos por su sigla en inglés D&O *"directors and officers"*.

Diferentes perspectivas de los directores

En los directorios se dan diferentes perspectivas que son valiosas y que deben ser adecuadamente consideradas.[80] De hecho no es lo mismo ser un director de una empresa de la cual se participa en la propiedad, que ser un director completamente independiente. Para que los miembros del directorio puedan comprender que la opinión también puede depender de la posición que se tenga en este órgano directivo, es conveniente el considerar lo siguiente:

- El directorio debe reconocer que no existe una estructura única que funcione en todos los casos.
- Es importante que todas las partes, especialmente el Director Ejecutivo, reconozcan los diferentes puntos de vista de sus miembros y busquen minimizar los conflictos originados en la perspectiva de la propia posición del director.
- Es recomendable que los presidentes de los directorios, participen de otros directorios e idealmente en posiciones diferentes.

Autocomplacencia

Una de las actitudes comunes de los gerentes ante el incumplimiento de las metas aprobadas por el directorio y que es a veces aceptada por estos últimos, es la de culpar a los "competidores" (origen externo de la amenaza), respecto de los cuales se suelen dar argumentos tales como por ejemplo los que se indican a continuación:

Ámbito negativo:

- La competencia bajó los precios
- La competencia regala los servicios

---

[80] George, William (2012). "Board Governance depends on where you sit". Capítulo 5. En: The Future of Boards: Meeting the Governance Challengers of the Twenty-First Century. Harvard Business Review Press.

- La competencia trae productos chinos o fabricados en países que no cumplen normas internacionales

Ámbito positivo:

- La competencia es insuperable con la nueva línea de productos que sacó al mercado
- La competencia tiene un par de vendedores estrella
- La competencia lleva más tiempo en el mercado

Les pido que se detengan un momento y se planteen la siguiente consulta ¿cuánto afectan los errores "no forzados" la ventaja competitiva de la empresa? ¿cuál es el costo de los errores tipo "autogoles"? O preguntado de otra forma ¿cuánto dinero creen que se pudo haber convertido en utilidad de la empresa si se hubieran manejado mejor los aspectos internos ?

Pocas veces se escuchan otro tipo de argumentos, más relacionados con el incumplimiento de metas o con la menor utilidad producto de oportunidades de mejoría propias o por último de errores cometidos al interior de la empresa tales como , por ejemplo, los siguientes:

- errores operacionales internos
    - atrasos en la emisión de facturas
    - atrasos en el proceso de cobranza
    - estructuras de créditos poco optimizadas
    - mal manejo de monedas extranjeras
    - seguros mal contratados
    - personal con licencias y documentos vencidos
    - personal cuyo plan de capacitación ha sido inadecuado
- errores en la definición de precios
    - precios elevados que reducen volumen de ventas
    - precios bajos que generan márgenes insuficientes
    - errores en la política de precios de la unidad de servicios
- errores en la estrategia comercial tales como

- o segmentación inadecuada
  - o mix de productos y servicios inadecuado
  - o falta de presencia en terreno de la fuerza de ventas
- errores en la estrategia de desarrollo de productos tales como
  - o falta de inversión en innovación (investigación y desarrollo)
  - o mala focalización de los recursos destinados a investigación y desarrollo
- errores en la política de stocks
  - o exceso de stock inmovilizado
  - o mala selección de los inventarios
  - o exceso de ruptura de productos de alta rotación
- errores en el área logística
  - o sobre costos en despachos por llevar el producto equivocado
  - o sobre costos en transporte por comprar el producto errado
  - o sobre costos en transporte por atrasos en el ingreso de la orden de compra
  - o sobre costos en transporte por traer vía aérea un producto que fue ofrecido con entrega inmediata y que no estaba en stock
- errores estratégicos
  - o No haber invertido lo suficiente en la exploración de nuevos negocios o de nuevas tecnologías
  - o No haber invertido con la suficiente anticipación en la exploración de nuevas tecnologías o negocios
  - o No haber invertido en capacitar al personal en tecnologías o técnicas que eran relevantes

Y lo peor, es que muchas veces tampoco se escucha a los miembros de los directorios el hacer las preguntas capaces de identificar problemas como los descritos y con ello, oportunidades de mejorar los resultados futuros de la empresa y también, de remunerar correctamente a los ejecutivos.

Es decir, por un lado pareciera haber en algunos casos muestras de una especie de conformismo a nivel del directorio; por otro, pareciera ser común el subvalorar el potencial de *extra utilidad* que está escondido al interior de la empresa y que sólo requiere de una mejor gestión para ser *desenterrado*; y también pareciera a veces existir la idea -equivocada por cierto- respecto que la ventaja competitiva que se tiene se podrá mantener *eternamente.*

Si bien muchos gerentes y directores, han escuchado hablar de las prácticas de mejora continua que se utilizan en la industria automotriz japonesa como fuente del éxito que han alcanzado; en muchos casos pareciera ser que en el día a día de las operaciones, el interés por trabajar en la mejora continua quedara relegado al plano de lo teórico.

Dada la realidad de las empresas medianas en las que está enfocado el presente libro, los directorios generarían un gran aporte, si mantuvieran una actitud que denomino de *vigilante* a un nivel casi paranoico. A lo que me refiero es a que la forma de trabajo del directorio incorpore a través de revisiones "recursivas" y periódicas realizadas en comités específicos, al menos el espíritu de la mejora continua.

La *actitud vigilante estratégica*, debiera enfocarse a anticipar situaciones relativas al funcionamiento y cambios que el mercado pueda observar en el futuro. Debiera ser capaz de identificar peligros asociados a la innovación de competidores o a tecnologías disruptivas que amenacen el futuro de la empresa, así como a la eventual aparición de aplicaciones/soluciones de mayor valor agregado que puedan afectar el negocio actual de la empresa. Para luego asegurarse se gestione la innovación de manera adecuada para ir adaptando las estrategias y la organización de la empresa, de manera de mantener una ventaja competitiva.

La *actitud vigilante operacional*, debiera enfocarse en buscar oportunidades de mejora en el trabajo interno, que permitan reducir al mínimo posible las pérdidas "auto-infringidas" a la vez de mejorar al máximo los procesos, para hacerlos más eficientes y económicos.

La *actitud vigilante organizacional*, debiera enfocarse en controlar la estructura y preparación (capacitación) de los miembros de la empresa de manera que se mantenga adaptada a los requerimientos estratégicos y operacionales, así como a la etapa de evolución en el cual se encuentra la empresa. Además, debiera tomar las medidas para evitar conflictos familiares y asegurarse que exista un plan de sucesión.

La *actitud vigilante adaptativa*, debiera enfocarse en reconocer y enfrentar los nuevos requerimientos del mercado, así como los factores internos de la empresa capaces de inhibir las respuestas o reacciones oportunas. Me refiero a:

- temor al cambio
- falta de energía para implementar los cambios
- incapacidad de reconocer necesidad de cambiar
- negación al cambio (riesgo que acecha comúnmente a fundadores que ya han sido exitosos)

Una recomendación básica para articular el trabajo de los directorios y hacerlos más efectivos, consiste en generar un calendario anual de trabajo basado en diferentes tipos de actividades, tales como las siguientes:

- reuniones de directorio para revisar la situación de la empresa
- reuniones de comités
- revisión estratégica
- revisión operacional
- etc.

Finalmente, sugiero también que el directorio analice y considere promover los beneficios asociados a la denominada "mentalidad de los fundadores", relacionados con la forma de reducir la complejidad propia del crecimiento como medio para evitar la burocratización de la empresa, a mantener los costos bajos y a tener cercanía con la línea de ventas.[81]

---

[81] Zook, Chris y Allen, James (2016). "The Founder's Mentality". Harvard Business Review Press.

Reuniones de directorio

Las reuniones de directorio bien podrían tener una frecuencia bi-mensual o trimestral. Su funcionamiento debiera estar basado en el informe generado por la gerencia, entregado con un par de días de anticipación. La tabla con los temas a tratar, debiera también ser enviada de manera previa y articulada por el presidente el directorio o por un director líder que asuma este rol, para que los directores puedan solicitar la incorporación de temas que estimen relevantes a tiempo.

En estas reuniones, entre otras cosas, se debiera revisar el cumplimiento del plan anual (YTD year to date) y antes de finalizar el año (fiscal más que el año calendario, cuando no coincidan), aprobar el plan de negocios para el año siguiente.

A estas reuniones debieran asistir además del directorio en pleno, el gerente general y los gerentes de las principales áreas, según corresponda con los temas a tratar en la tabla.

Reuniones de Comités

Las reuniones de comités debieran llevarse a cabo con la frecuencia necesaria, según los requerimientos del momento de la empresa y apuntando a implementar, monitorear y desarrollar una especie de secuencia de mejora continua por área.

En estas reuniones, debiera participar el director que lidera el comité, en conjunto con los ejecutivos y colaboradores que sean necesarios. No es obligatorio que el gerente general asista a estas reuniones, ni que sea miembro de todos los comités.

Las conclusiones o informaciones relevantes de estos comités debe ser comunicada al resto de los directores, para lo cual se puede incorporar en el informe que se presenta en la siguiente reunión de directorio.

Reuniones de revisión estratégica

Las reuniones de revisión estratégica debieran llevarse a cabo al menos una vez al año (idealmente 2 o 3 veces) y si va a hacer una, sugiero se lleve a cabo antes de la junta anual de accionistas.

Los participantes en estas reuniones debieran ser aquellos que el director que lidera el comité estime necesarios, pero típicamente debiera incluir además del gerente general a los gerentes de área, pudiendo incorporar también algún expositor experto en algún tema que sea relevante para la industria.

Solo para insistir en la importancia de la estrategia, considere las palabras de Sun Tzu:

> La estrategia sin táctica
> es el camino más lento hacia la victoria.
> La táctica sin estrategia
> es el ruido que anticipa la derrota.
> *Sun Tzu*

Si cree que mi sugerencia de llevar a cabo varias revisiones de estrategia al año es exagerada, le comento que el profesor del MIT Donald N. Sull[82] indica que para cerrar el espacio que se produce entre la estrategia y su ejecución, hay que abandonar la visión

---

[82] Sull, Donald. "Closing the Gap Between Strategy and Execution. Top 10 lessons on Strategy - MIT Sloan Management Review. SLOANSELECT COLLECTION.

tradicional que considera el desarrollo de la estrategia como un proceso lineal, debido a que esta lógica tiene al menos tres errores fatales: a) la visión lineal separa la formulación de la estrategia de su ejecución b) incentiva a los líderes a desarrollar una estrategia aun cuando esta pueda estar basada en información errada c) desconoce la importancia del "*timing*".

En reemplazo de la visión de la estrategia lineal, el profesor Sull sugiere el considerar una alternativa inherentemente iterativa según la cual la estrategia esté siempre en desarrollo y sujeta a revisiones, a la luz de las interacciones entre la organización y el cambiante entorno.

Finalmente, no olvide las palabras del famoso Mariscal Helmuth Carl Bernard von Molke:

> Ningún plan, por bueno que sea,
> resiste su primer contacto con el enemigo,
> con la realidad.

Reuniones de revisión operacional

En las medianas empresas las reuniones de revisión operacional debieran llevarse a cabo al menos dos veces por año, para verificar que la empresa va por el camino que se definió en la planificación estratégica y corregir, a la brevedad, cualquier desviación que se pueda haber producido.

En mi opinión esta labor es tan importante que quisiera citar como elemento ratificador la opinión de un famoso profesor de estrategia de Harvard Business School, *Michael Porter*, para quien "la eficacia operacional y la estrategia son ambas esenciales para lograr un rendimiento superior, aun cuando trabajan en sentidos diferentes".[83]

Dado lo anterior, mi sugerencia es que se le dé a la eficacia operacional la importancia que se merece. Un camino en este sentido es que se organicen reuniones de revisión operacional en las cuales de manera aleatoria y con el mejor "olfato empresarial posible" se analicen temas relacionados con la eficiencia operacional en diversas áreas tales como ventas, adquisiciones, finanzas, etc.

El cuadro que se muestra a continuación, sirve de referencia de la forma en la cual podría verse un calendario anual de actividades. En lugar de indicar meses específicos, se utiliza una nomenclatura relativa, puesto que hay países en los cuales el "año fiscal" se inicia en enero, otros en julio y otros en octubre, etc.

	Calendario anual de actividades del directorio											
	Mes 1	Mes 2	Mes 3	Mes 4	Mes 5	Mes 6	Mes 7	Mes 8	Mes 9	Mes 10	Mes 11	Mes 12
Reunión Directorio			✓			✓			✓			✓
Reunión comités	✓	✓			✓		✓	✓		✓		
Revisión estratégica				✓								
Revisión Operacional					✓					✓		

Una alternativa también posible en medianas empresas, es incorporar en la planificación anual de los directorios, sesiones con diferentes énfasis; reservando de este modo tiempo para analizar temas particulares que podrían haber sido propios de un comité.

Estado de resultado "vigilante" y las reservas de utilidad

---

[83] Michael Porter. What is Strategy?. HBR November-December issue 1996.

Los participantes en estas reuniones de revisiones operacionales debieran ser aquellos que el director que lidera el comité estime necesarios, según el tema que está analizando.

Debieran hacer lo imposible por identificar procedimientos que permitan "liberar" esas "reservas de utilidad" que se pierden debido a errores internos en la empresa. Como una herramienta de apoyo al objetivo en cuestión, sugiero incorporen el uso de un estado de resultado modificado "EERR *vigilante*" en el cual –de manera extracontable- se identifiquen de manera separada aquellos gastos operacionales que fueron frutos de errores, más allá del que una operación normal hubiera tenido:

EERR (Tradicional)	EERR *Vigilante*
Ingresos por ventas	Ingresos por ventas
Costo de las ventas	Costo de las ventas
Margen Bruto	**Margen Bruto**
	Gastos de operación
	EBITDA Planificado
Gastos de operación	Gastos errores operacionales
EBITDA	**EBITDA Obtenido**
Depreciaciones y amortizaciones	Depreciaciones y amortizaciones
Utilidad de operación	**Utilidad de operación**
Gastos Financieros	Gastos Financieros
Utilidad antes de impuestos	**Utilidad antes de impuestos**
Impuestos	Impuestos
Utilidad Neta	**Utilidad Neta**

Actitud del directorio ante la *inercia*

El directorio debe mantener activo una especie de temor (nuevamente, casi paranoico) de no estar siendo capaz de hacer que la organización logre reaccionar a la velocidad adecuada ante una nueva tendencia o cambio; ya sea que estas últimas puedan hacer que la empresa pierda su ventaja competitiva o que permitan generar una nueva fuente de ingresos.

Dado lo anterior, el directorio debe desarrollar y mantener una actitud vigilante capaz de reconocer el eventual surgimiento o la existencia de *inercias "negativas"* que pudieran estar afectando tanto la capacidad para identificar cambios, como la de reaccionar a estos implementando las medidas necesarias y hacerlo a tiempo.

En el libro "Building the Agile business through digital transformation", Neil Perkin[84] resume algo que los directorios no deben olvidar:

> *"Si una organización ha ido escalando su operación y creciendo utilizando procesos específicos o formas específicas de hacer las cosas, va a ir creando una inercia que es muy difícil de contrarrestar. A medida que la empresa se hace más grande y el enfoque se mueve más hacia la eficiencia y la optimización en lugar de la innovación disruptiva, las formas de enfrentar las situaciones se van incrustando. A medida que las jerarquías florecen dentro de la empresa que se va haciendo cada vez más grande y creciendo en torno a prácticas propias, va aumentando el enfoque interno de la empresa mientras va disminuyendo el enfoque hacia el exterior. El resultado: la inercia se fortalece con el tiempo".*

Actitud del directorio ante los colaboradores de la empresa

Un detalle importante tiene que ver con la actitud del directorio, el cual tiene que sentirse como un organismo destinado a

---

[84] Neil Perkin. Building the Agile Business through Digital Transformation (p. 35). Edición de Kindle.

trabajar por la empresa. Debe evitarse generar una actitud arrogante o autocomplaciente, especialmente ante quienes son empleados de la empresa: una cosa es tener la responsabilidad de dirigir y controlar, y otra es creer que la empresa pueda funcionar sólo con directores (la época de los emperadores quedó atrás). En todas las empresas que me ha tocado conocer, existe gente muy valiosa llevando a cabo funciones operacionales con un gran nivel de dedicación, las cuales, si se desarrollaran sin este "cariño" generarían extra-costos (con VD-) para la empresa.

Por lo mismo, si bien el directorio puede y debe ser exigente, también debe mostrar respeto por los colaboradores que trabajan en la empresa, en particular exhibiendo sensibilidad cada vez que se les solicite un informe o requiera coordinar una reunión o cualquier actividad que comprometa el tiempo de un colaborador.

Número de directores

No existe una fórmula para determinar la cantidad de miembros que debe tener un directorio. El número de directores depende de la complejidad de la empresa, del tamaño, de número de comités, de la cobertura geográfica así como de la capacidad para encontrar y pagar a buenos y dedicados directores.

Evaluación a realizar por parte de los directores

Experiencias del mundo corporativo podrían sugerir la conveniencia de llevar a cabo una evaluación de los directores, también en la mediana empresa. Si bien creo que en algunos casos esta sería una posibilidad, mi experiencia indica que en aquellas medianas empresas en las cuales los accionistas tengan presencia en el directorio, evaluarlos no siempre será posible o conducente. En estos últimos casos, sugiero considerar algo diferente: una evaluación de la empresa, preparada por cada uno de los directores y que sea entregada a todos los accionistas, con o sin participación en el directorio, al presidente del directorio y al gerente general.

Dejar un registro escrito, es un buen camino para preparar las acciones tendientes a corregir las deficiencias identificadas y también, para que el director se tome el tiempo necesario para dar opiniones fundadas.

IV. CEGADOS A LO EVIDENTE Y CONOCIDO

> No es suficiente estar en el lugar
> y el momento correcto.
> También se requiere de una mente abierta
> en el momento correcto.
> *Paul Erdös*

> El éxito es un pésimo profesor,
> seduce a la gente inteligente
> y la hace pensar que no puede equivocarse.
> *Bill Gates*

Jugaba un partido de ajedrez con uno de mis hijos, quien en ese momento tenía 11 años, cuando se dio cuenta que una movida anterior se había transformado en una mala decisión y me preguntó -ingenuamente- si podía cambiarla y rehacerla. Dado el interés didáctico y de entretención de la partida que jugábamos, respondí que sí y las consecuencias fueron positivas para él puesto que corrigió errores relevantes que le permitieron finalmente ganar el partido.

Imagine ahora por un instante que usted tuviera la oportunidad de utilizar una exclusiva regla: ante la evidencia de una mala decisión tomada en su empresa en los últimos tres años, puede retroceder el tiempo y a la luz de la nueva experiencia obtenida, puede ahora adoptar las decisiones más adecuadas para el futuro de su compañía. Una empresa u organización con tal beneficio (o arma secreta) estaría en condiciones de alcanzar y moverse a lo largo de lo que quisiera denominar su "máximo desarrollo potencial" o MDP. Ese es exactamente el objetivo o la "misión" que debieran tener quienes *gobiernan* las empresas: el directorio.

En el mundo real, las empresas cuentan con el mejor equipo de colaboradores posible. Bien dirigido, típicamente es capaz de llevar a cabo las diversas tareas que se le asignan. Pero, como es posible de observar en múltiples compañías, esto no es suficiente para asegurar el éxito ni la continuidad de ellas. De hecho, hay una responsabilidad que recae en el ente directivo de alto nivel, típicamente el directorio, el cual en conjunto con la gerencia debiera ser capaz de anticipar y evitar las "jugadas erradas".

Dicho de otra forma, los accionistas de las empresas debieran auto-imponerse la meta de hacer que sus compañías funcionen a la máxima capacidad potencial. Dada la dificultad que esto implica, son ellos mismos quienes debieran querer contar no sólo con el mejor equipo de colaboradores posible, sino también con el mejor directorio posible: *el fin último de un buen Gobierno Corporativo es lograr que la empresa alcance los mejores resultados posibles, cumpliendo las normas éticas y legales, bajo un nivel de riesgo prudente y controlado.*

La jugada que Yahoo! lamentó no haber jugado

Piense en un momento en Yahoo! Esta afamada empresa comenzó en 1994 en Stanford como la guía de Jerry Yang para navegar la web, bajo el nombre de "Ulices", para luego renombrarla como Yahoo!

Cofundada por David Filo, al poco tiempo se convirtió en el portal preferido por los cibernautas, por lo que el 12 de abril de 1996 se abrió al NASDAQ, llegando a alcanzar en el año 2000, un valor cercano a los U$ 120.000 millones.

Pero el "juego" pareció haber terminado para Yahoo! el 25 de Julio del 2016 tras una serie de intentos fallidos por revertir el funcionamiento de la empresa, Verizon anunció la adquisición del "corazón" del negocio en U$ 4.800 millones.

Los problemas de Yahoo! se podrían resumir en los siguientes:

a) Una crónica falta de foco, mostrando una permanente ambivalencia entre ser una empresa de publicidad o una tecnológica y abriendo espacio para que Google creciera.

b) Lenta respuesta al surgimiento de diversos medios digitales y a la internet móvil.

c) La peor juagada de todas: Mr. Yang no aceptó una oferta de compra hecha por Microsoft el año 2008 por $ 45.000 millones. Probablemente por orgullo y por un deseo de ser él quien guiara la empresa, demostrando que muchas veces los fundadores de las empresas pueden haber generado un vinculo tan estrecho, que no les permite tomar las mejores decisiones.

Grandes aspiraciones y el Máximo Desarrollo Potencial (MDP)

La máxima capacidad potencial de una empresa es una herramienta virtual (abstracta) que representa el "camino de utilidades" capaz de hacer que la empresa genere el mayor VAN de Utilidad posible, en el tiempo de vida alcanzable si se tomaran las mejores decisiones, dado un determinado nivel de riesgo. Es por lo tanto, función de la utilidad, del riesgo y del tiempo de vida. En términos coloquiales se podría denominar como el "sueño dorado" para una empresa.

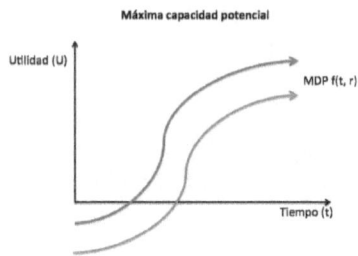

La idea es que el MDP sirva a todos -pero particularmente a los dueños- para fijar más que una meta a alcanzar, una forma de trabajo que vaya reflejando las grandes y cambiantes aspiraciones de manera sirvan de inspiración para los cambios que la empresa deba ir adoptando. El MDP tiene la gracia que, a diferencia de las metas tradicionales, no sólo involucra a los colaboradores (trabajadores) de las empresas, sino que también los involucra a los mismos dueños como responsables de establecer el mejor directorio y equipo de trabajo posible para tomar las decisiones que generen el mayor beneficio para su empresa.

Es así como el MDP, se puede representar gráficamente como un rango comprendido entre un nivel máximo (línea roja) asociado a la máxima utilidad obtenida con el nivel de riesgo más elevado que no causa daño, y el nivel mínimo (línea azul) asociado al nivel mínimo de riesgo que permite alcanzar la máxima utilidad. Las curvas que definen los límites indicados no tendrían por qué ser necesariamente paralelas y han sido representadas así, sólo por simplicidad.

El MDP puede servir como guía al momento de preparar los planes estratégicos, por cuanto genera una referencia imaginaria, pero no es sustituto de un plan estratégico ¿Entonces, por qué pensar en el MDP? Existen empresas que durante un tiempo cumplieron exitosamente sus planes, incluso superando los resultados y como consecuencia pagando muy buenos bonos; pero que más tarde entraron en crisis básicamente porque la estrategia implementada era sólo exitosa en el corto plazo y no estaba realmente alineada con el MDP.

La ironía respecto de los planes estratégicos y de los bonos que normalmente se pagan a los ejecutivos, es que la verdadera evaluación respecto de su correcta visión y ejecución se obtiene -en algunos casos- años después y a veces de manera dolorosa.

Lo anterior se debe a que existen muchas formas de generar excelentes planes estratégicos de corto y mediano plazo que sacrifican el largo plazo. Por ejemplo, se reduce inversión en investigación y desarrollo (I&D) o el gasto asociado al servicio de post-venta. Esto nos lleva a la conveniencia de incorporar la siguiente herramienta abstracta, el **vector de desarrollo.**

La innovación

Si una empresa quiere alcanzar su MDP deberá crear mecanismos que le permitan hacer de la innovación un activo. La innovación no implica que haya que ser el inventor de todo. De hecho en el mundo de hoy, siempre habrá nuevos inventos los cuales se podrán adaptar o permitirán ser utilizados para innovar en los productos o en los servicios que se ofrecen al mercado o incluso en el ajuste de los modelos de negocios.

Las empresas exitosas, deben balancear la explotación con la exploración , esta última asociada al proceso de innovación.

La innovación, para ser exitosa debe contar con una estructura que sea flexible y debe considerar, como principios generales, lo siguiente:

- a las personas

- el trabajo que se desea realizar
- incluir a todos los "stakeholders"
- introducir hitos en el proceso, que permitan ir testeando la hipótesis
- idear múltiples soluciones
- manteniendo empatía con las necesidades de los potenciales usuarios
- crear prototipos y recibir realimentación de los usuarios, en un proceso iterativo, en el cual se debe ir aprendiendo de los "aparentes" errores

Si tiene dudas respecto de la importancia o la rentabilidad que tiene en su empresa la innovación hágase las siguientes consultas:

- ¿Qué riesgos se tiene de caer en la Trampa del éxito'
- ¿Qué estamos explorando?
- ¿en qué etapa se encuentran los productos y servicios que nuestra empresa ofrece al mercado? (emergente, crecimiento y maduro)

La innovación dentro de las empresas se puede manejar, básicamente, de tres maneras o la combinación de estas en un modelo que podría llamarse "hibrido":

- Centralizada, en la cual se dirige desde un "centro de excelencia" la innovación que se lleva a cabo en las diferentes unidades de negocios
- Des-centralizado, en la cual cada unidad de negocios innova de manera independiente
- Incubadora, en la cual se crea una unidad paralela a las unidades de negocio en la cual se lleva a cabo la innovación

Un concepto que me parece relevante también de mencionar es el de *"pensamiento integrado"*[85], mediante el cual para obtener soluciones nuevas (innovadoras) se deben considerar ideas y limitaciones opuestas para obtener una solución superior.

Excelencia operacional y el Vector de Desarrollo (VD)

En el día a día de las empresas, se toman una serie de decisiones y acciones que van marcando la ejecución y cuyo resultado es también relevante o al menos, actúa como componente del *vector de desarrollo* de la empresa.

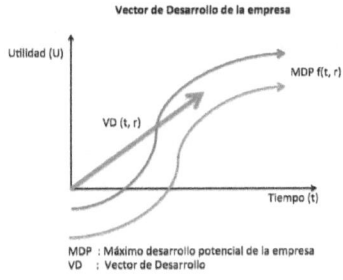

MDP : Máximo desarrollo potencial de la empresa
VD : Vector de Desarrollo

Esta ficción del *vector de desarrollo* de la empresa (VD), debe entenderse como otra herramienta virtual encargada de posicionar el movimiento o actuación de la empresa en relación a lo que -en un mundo perfecto- debió haber sido la decisión que mejor hubiera permitido alcanzar el "máximo desarrollo potencial".

Como ya se había explicado, el máximo desarrollo potencial de una empresa, está relacionado con la capacidad que tiene

---

[85] planteado por el profesor Roger Martin, de la universidad de Toronto.
https://thelearningexchange.ca/itl-project-home/itl-project-i-think/

cualquier compañía -por pequeña que sea- de alcanzar los mejores resultados imaginables asumiendo que hubiera tomado las mejores decisiones posibles, con la sola limitación de actuar dentro del marco legal, cumpliendo normas éticas y respetando al medio ambiente y comunidades.

El *vector de desarrollo* pretende conceptualizar la resultante de las acciones del día a día que se tomaron en relación al objetivo último que es alcanzar el máximo desarrollo potencial de la empresa.

Este *vector de desarrollo*, al igual que lo sería un vector en física, corresponde a la resultante de la aplicación de las reacciones que la empresa genera, ante las diversas "fuerzas" a las que es sometida.

Algunas de estas fuerzas, tienen su origen al interior de la empresa tal como lo es el caso del resultado obtenido como consecuencia de los esfuerzos realizados por las áreas que conforman cada empresa; marketing & ventas, producción, operaciones, finanzas, adquisiciones, cobranzas, ingeniería, logística, investigación& desarrollo, etc.

Otras fuerzas tienen su origen fuera de la empresa como podría ser la actividad desarrollada por la competencia, el mercado, los entes reguladores, los grupos de interés, la situación económica nacional e internacional, etc.

La reacción o no reacción a cada una de las fuerzas indicadas van causando diversos efectos al interior de las empresas, con resultados acumulativos. En algunos casos se generan **efectos netos *positivos* (VD+)** respecto de lo que podría haber sido el máximo potencial y en otros, un **efecto neto opuesto o *negativo* (VD-)**.

Cabe destacar que en esta lógica, no todas las fuerzas de origen interno generan efectos "positivos", así como tampoco todas las fuerzas externas generan efectos "negativos". Es más, no todas las acciones que generan "caja o cash $" tienen VD+ ni todas las acciones que generan pérdida tienen un VD-.

Cito algunos ejemplos:

a) VD_i- : Si una empresa vendiera sus productos bajo el costo debido a un error en la publicación de los precios, el área de ventas estaría aportando un efecto "negativo" (VD-) de origen interno.

b) VD_i+ : Si la misma empresa vendiera algunos de sus productos bajo el costo como parte de una campaña para introducirlos al mercado, creando más tarde valor para la empresa, el área de marketing bien podría estar contribuyendo con un VD+ de origen interno.

c) VD_e+ : Del mismo modo, si un competidor sufriera un problema en su cadena logística que le impidiera cumplir con los pedidos y la empresa aumentara sus ingresos por ventas debido a que contaba con las existencias, el competidor estaría contribuyendo con un efecto "positivo" (VD+) de origen externo.

d) VD_e- : Asimismo, si un competidor sufriera un problema en su cadena logística que le obligara a acelerar las ventas para evitar que se perdiera la producción y para ello redujera los precios, la empresa podría ver reducido sus ingresos por ventas y con esto el competidor estaría contribuyendo con un VD- de origen externo.

De esta manera y como se ha explicado, el "vector de desarrollo positivo" -como concepto- no estará necesariamente en sintonía con el resultado financiero de la empresa en el corto plazo, por cuanto podría haber empresas que obtengan buen resultado financiero y terminen fuera de mercado contra la voluntad de sus dueños y colaboradores.

Por ejemplo, podría ser que los administradores de una empresa de rollos para fotografía estimaron que la fotografía "tradicional" era de una calidad insuperable y por sobre todo muy rentable, por lo que no tomaron las medidas necesarias para adaptarse a tiempo a los requerimientos de la fotografía digital. Esta empresa pudo haber generado grandes utilidades, pero haber "sucumbido al mercado años más tarde", sólo debido a que las mismas actividades que en un momento generaban un "vector de desarrollo positivo" (VD+) luego pasaron a generar un VD- y de hecho, fatalmente negativo.

Por otro lado, un ejemplo de una empresa ampliamente reconocida que probablemente se aproxima al máximo desarrollo potencial podría ser el de IBM. La International Business Machine (IBM) se formó en 1911 para fabricar máquinas de escribir; hoy en día es una de las mayores empresas del mundo, opera en casi todos los países del planeta, emplea cientos de miles de colaboradores y sus ingresos dependen de la venta de servicios, más que la de productos. Si bien lo más probable es que IBM haya cometido muchos errores a lo largo de su historia (acciones con "vector de desarrollo" negativo VD-), también es un hecho que se trata de una empresa que partiendo de un negocio bastante limitado, logró ir adaptándose para llegar a tener hoy en día un nivel de actividad muy destacado a nivel mundial.

Inercia, MDP y VD

¿Cuál podría ser la necesidad de considerar el MDP y el VD, si es que son meras "herramientas abstractas"?

Piense nuevamente a modo de ejemplo en Kodak y en la realimentación que recibían sus ejecutivos y directivos cuando durante los años 90 miraban el balance con abultadas utilidades. Era como mirar el altímetro en una aeronave volando a 6.000 metros sobre el nivel de suelo, pero sin darse cuenta que el "magnífico" indicador que estaban observando tenía un problema: no era capaz de anticipar que por delante tenía cordón montañoso con 8.000 metros de altura.

Si lo ocurrido a Kodak le parece una excepción, le sugiero entonces analice la pérdida de influencia sufrida por otras marcas de alto prestigio que en su momento fueron ampliamente reconocidas como por ejemplo: Palm, Nokia, Blackberry, Barnes&Noble, Sharp, Polaroid, Yahoo!, entre otras.

Le propongo a continuación que recuerde el concepto de *inercia* que probablemente estudió en el colegio. La inercia se define en términos físicos como la incapacidad de los cuerpos de modificar el estado de reposo o movimiento en el que se encuentran. Llevado a la gestión empresarial, sugiero considerar que una propiedad similar a la de la inercia de los cuerpos, explica que la reacción al cambio que se introduce en las empresas no sea inmediato.

Dicho de otra forma, la dificultad que tienen las empresas para desarrollar nuevas capacidades, para adaptarse a nuevos requerimientos, para adoptar una nueva configuración, para generar un nuevo posicionamiento y/o acceder a un nuevo mercado -una vez que tuvieron el convencimiento de hacerlo- implica que existirá una demora que podría impedir la sobrevivencia de la empresa.

Al *retardo* que introduce la **inercia de la empresa**, hay que sumarle otro que de hecho la antecede: la demora de la plana gerencial y de quienes gobiernan la empresa para identificar a tiempo los cambios y tendencias que ocurren en el mercado y con ello para adaptar la estrategia de la empresa. Esta última demora, se origina por diversos factores, entre los que por ahora solo desatacaré algunos:

- La limitación de los indicadores de gestión tradicionales para detectar cambios que afectarán la continuidad de las empresas en el largo plazo.
- La tendencia de muchos gerentes de menospreciar el potencial de las acciones generadas por la competencia, especialmente

cuando se trata de competidores de menor prestigio o poco conocidos.
- La dificultad para anticipar el entusiasmo que pueda generar en el mercado, la introducción de nuevos productos o servicios.
- La complejidad de gran parte de los mercados e industrias para permitir anticipar o detectar de manera temprana la pérdida de ventajas competitivas, que tengan el potencial de hacer que la compañía quede fuera de mercado.
- Desconocimiento de las necesidades de los clientes.

En resumen, lo que pretendo a esta altura del relato es introducirlos a la importancia desarrollar a nivel de gobierno de la empresa, una especie de actitud paranoica contra la autocomplacencia y peligros de la inercia, que a su vez sea visionaria, sensible y flexible para lo cual sugiero apoyarse en la intangibilidad del MDP y del VD.

Racionalidad Limitada del ser humano

> Pequeño es el número de personas
> que ven con sus ojos
> y que piensan con sus mentes
> - *Albert Einstein*

Herbert Simon (1916 - 2001) quien obtuviera el Premio Nobel de economía en 1978, planteó que la racionalidad de la mente humana es acotada [86]. En términos muy simples, indicó que los seres humanos somos *parcialmente racionales*, que actuamos en base a

---

[86] Herbert A. Simon. Models of a Man. The MIT Press. (También pueden leer Administrative Behavior, a study of decision-making processes in administrative organizations. The Free Press 1997).

impulsos emocionales y que nuestra racionalidad está limitada básicamente por tres factores:

- la información disponible
- la limitación cognoscitiva de cada mente individual
- el tiempo disponible para tomar la decisión

Daniel Kahneman, doctor en psicología quien en el año 2002 recibiera el Premio Nobel de economía en conjunto con Vernon Smith, propuso un modelo de racionalidad acotada para superar las limitaciones de la gente que supuestamente es perfectamente racional, indicando que el cerebro opera básicamente en dos sistemas.

Resumiendo el planteamiento de Kahnemann [87] se podría decir que el pensamiento humano opera bajo dos sistemas. El actuar bajo el sistema 1 -que es rápido, instintivo y emocional- a diferencia del actuar bajo el sistema 2 -que es lento, deliberado y lógico- es automático e inconsciente y está orientado a protegernos de los peligros. El sistema 2 es racional y capaz de sobrellevar las impresiones del sistema 1. Pero el gran detalle está en que cuando operamos bajo el sistema 2 no tenemos conciencia que igual estamos siendo influenciados por el sistema 1, incluso llevados a errores por este último [88].

De este modo Kahneman advierte que el sistema 2 no le otorga al ser humano la racionalidad que este último le asigna (o que algunos creen tener) y que la mayor deficiencia se puede observar por ejemplo en un muy mal desempeño con las probabilidades y la estadística, a no ser que la persona sea entrenada para esto.

---

[87] Daniel Kahneman. *Thinking, Fast and Slow*. Penguin Books 2011.
[88] Los términos sistema 1 y 2, habían sido planteados anteriormente por los psicólogos Keith Stanovic y Richard West

Cegados por los Sesgos Cognitivos

Asociado a lo anterior, otro elemento que puede limitar la capacidad de una empresa para alcanzar su MDP está asociado a cómo tomamos las decisiones. Esto se debe a que los seres humanos estamos expuestos a tomar malas decisiones porque somos capaces de crear nuestra "propia realidad social subjetiva" a partir de una percepción de la relación que tenemos con otros.

Se conocen más de 250 desviaciones [89] que afectan nuestra capacidad de tomar decisiones, entre las que destaco por ejemplo las siguientes:

- Punto Ciego : tendencia a verse a sí mismo como menos sesgado que los demás.
- Confirmación : tendencia a aceptar sin cuestionar, las pruebas que apoyan nuestras ideas, siendo escépticos con aquellas que son contrarias y que consideramos parciales o sesgadas.
- Efecto Arrastre : tendencia a hacer algo porque muchas otras personas lo hacen o creen.
- Ilusión de Control : tendencia a sobre estimar la capacidad de influir que se tiene sobre resultados que no se pueden controlar.
- Ilusión del Grupo: tendencia a creer que el evento más probable es aquel que lleva más tiempo sin haber ocurrido.
- Correlación Ilusoria : tendencia a asumir que hay relación entre variables que no la tienen.
- Anclaje: tendencia a sobrevalorar la primera información que se recibe.
- Heurística de la Disponibilidad: tendencia a tomar decisiones rápidas sin tener todos los datos, simplificando en exceso los datos que se debieran tener en cuenta.
- Sesgo de Auto-justificación: tendencia a racionalizar malas decisiones para evitar reconocer errores.

---

[89] https://en.wikipedia.org/wiki/List_of_cognitive_biases

- Sesgo de Retrospectiva: tendencia a reconstruir el pasado con el conocimiento actual.
- Falacia de Planificación : tendencia a subestimar los tiempos para finalizar tareas.
- Sesgo de Confirmación : tendencia a favorecer la información que confirma los propios supuestos, sin importar si la información es verdadera.
- Inclinación a la Negatividad : es común que el aspecto negativo sea más atractivo que el positivo.

Si se toma conciencia de las debilidades a las que está expuesta nuestra racionalidad limitada, debiéramos entonces buscar mecanismos que nos permitan tomar decisiones importantes sin estar expuestos al daño que nos puedan causar.

En el caso de las empresas, uno de los mecanismos recomendados es separar las funciones de Gobierno de la empresa de las de administración, siempre y cuando las dinámicas grupales de los gobernantes (el directorio) sean a su vez las adecuadas.

Soluciones de Parche y Bombas de tiempo

Existe una gran variedad de posibilidades de implementar medidas que -aún con las mejores intenciones- atenten contra el MDP de una empresa, particularmente cuando se tiene una percepción equivocada de alguna variable o cuando se espera que el efecto, de la medida, sea de corta duración.

Cuando se utilizan supuestos errados, por ejemplo, se facilita la implementación de medidas que pretenden solucionar un problema pero con características de *bombas de tiempo*: es decir, con la capacidad de pasar inadvertidas en el corto plazo pero de causar daño en el futuro. Por ejemplo, cuando se considera que las condiciones de mercado serán idílicamente favorables, que las condiciones actuales serán permanentes en el tiempo, que los clientes seguirán siendo fieles, que las personas se comportarán como en un "cuento de hadas", cuando se asume que los bancos serán gentiles en caso de haber dificultades, cuando se actúa esperando que la competencia no sea tan agresiva, etc.

En otros casos se establecen definitivamente *soluciones de parche*, es decir soluciones (valga la redundancia) temporales -de corto plazo- cuyas eventuales consecuencias indeseadas se espera puedan ser desactivadas antes de llegar a causar daño, mediante la implementación más tarde de una solución definitiva. El problema es que muchas veces la solución definitiva no llega o al menos, no a tiempo; en cuyo caso se introduce en la empresa un factor de riesgo adicional, el que puede terminar haciéndose realidad.

De esta forma, no es difícil imaginar que soluciones parche puedan terminar convirtiéndose en *bombas de tiempo*, convirtiéndose en una amenaza interna, que impida que la empresa alcance su MDP.

El peligro que se puede anidar en las etapas de crecimiento

Una situación que debe tratarse con especial cuidado y en la cual un directorio puede ser de enorme o invaluable ayuda, dice relación con la forma en la cual se administra la empresa durante un período de crecimiento y de buenos resultados.

Si bien lo indicado en el párrafo anterior podría parecer algo difícil de entender o incluso contradictorio, les pido que observen que en algunas empresas los períodos de crecimiento han estado relacionados con ciclos económicos positivos los cuales, por su naturaleza cíclica, terminan. El problema está en que no siempre es posible anticipar a tiempo el fin de un ciclo -o la entrada de un competidor disruptivo o un shock externo- y que de no hacerlo, las estructuras de deuda, las dotaciones de personal, el equipamiento, etc. puede resultar luego excesivo y producir grandes pérdidas, incluso pudiendo llevar a la empresa a la quiebra (pasar de generar un VD+ a un VD-).

Es decir, los ciclos positivos y períodos de crecimiento plantean un desafío al gobierno de la empresa. La idea es capitalizar las oportunidades de la mejor manera posible, pero sin exponer a la empresa a un nivel de riesgos y/o de falta de flexibilidad que pueda sacrificar la continuidad en caso las condiciones vigentes cambien de manera abrupta o al menos no anticipada.

Amenazas y Oportunidades

Una de las cosas que ocurren a lo largo de la vida de las empresas, es que estas se ven enfrentadas tanto a amenazas como a oportunidades. Si bien evitar el daño causado por las primeras no es siempre una tarea obvia ni fácil, aprovechar las oportunidades no lo es menos, dado que no siempre las oportunidades se aprovechan para lograr que las empresas se muevan a lo largo del VD+ o "sentido de avance".

Parte de las dificultades asociadas a evitar por un lado el daño de las amenazas, y por otro el correcto aprovechamiento del beneficio que pueden generar las oportunidades, se debe a que ambas pueden a su vez tener tanto orígenes internos como externos y a que su identificación -para reaccionar a tiempo- no resulta siempre sencilla ni evidente.

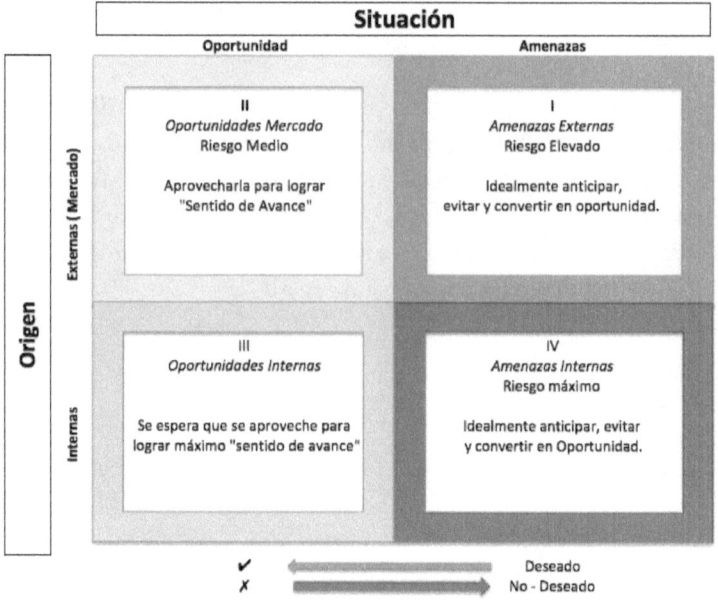

Cuadrante I: Amenazas originadas fuera de la empresa

Representan aquellas dificultades cuyos orígenes se encuentran fuera de la empresa. En esta categoría se podrían ubicar diferentes factores tales como los relacionadas con requerimientos regulatorios, shocks de mercado, cambios en tendencias, innovaciones disruptivas, oposiciones organizadas por grupos de interés, etc.

La capacidad directiva y ejecutiva para anticipar, identificar y luego para enfrentar las amenazas adecuadamente idealmente convirtiéndola en oportunidad, dependerá de muchas cuestiones internas relacionadas con el conocimiento, la sabiduría y la adaptabilidad del equipo humano.

Tal como ocurrió en el caso de Kodak, la reacción de la dirección de la empresa no permitió que ésta se adaptara al nuevo escenario y convirtiera la amenaza en oportunidad. Y esto pese a que en el año 1975 uno de sus ejecutivos -Steven Sasson - había patentado la primera cámara fotográfica digital.

Este tipo de amenazas son enfrentadas más efectivamente por empresas que cuentan con una cultura flexible y para las cuales no existen inercias significativas a los cambios

---

KODAK

Empresa líder a nivel mundial, con directorio, cuya inercia interna no le permitió evitar el daño causado por una amenaza externa

La "Eastman Kodak Company", más conocida como Kodak, tuvo su origen en la "Eastman Dry Plate Company" fundada por el inventor George Eastman en 1888 y por Henry Strong. Su gran éxito comercial se inició con la comercialización del carrete de papel - que permitió evitar el uso de placas de cristal empleadas hasta el momento, y con la introducción al mercado de una cámara innovadora -la Kodak 100 Vista, la que utilizaba carretes de 100 fotos circulares en lugar de placa. Kodak logró hacer de la fotografía algo simple y fue conocida por el slogan "Usted aprieta un botón, nosotros hacemos el resto".

En 1981, Sony anunció el lanzamiento al mercado de la primera cámara digital que no requeriría de rollo fotográfico: la Mavica.

Años más tarde, hacia finales de los 90, la industria fotográfica entró en crisis cuando la fotografía digital llegó a los consumidores, afectando rápidamente la demanda de rollos fotográficos.

Pese a lo anterior, el mercado fotográfico "tradicional" alcanzó su apogeo en el año 2000. Durante los diez años siguientes, se contrajo en un 90% llevando a Kodak a declarar la quiebra - acogiéndose al capítulo 11- el día 11 de Enero del año 2012.

Observando brevemente algunas acciones desarrolladas por Kodak, se puede decir que reaccionaron a la amenaza digital con un sinnúmero de iniciativas, entre las que destaco las siguientes:

1983: Colby Chandler creó una división para explorar nuevas tecnologías tales como imágenes digitales.

1986: Kodak introdujo el primer sensor de imágenes electrónicas con 1,4 millones de pixeles.

1989: Kodak había introducido decenas de productos relacionados con la captura o la conversión de imágenes electrónicas tales como scanner y la impresora entre otros.

1993 - 2000: Kodak designó a George Fisher como CEO quien hizo notables cambios a favor del desarrollo de una estrategia digital. Pero tuvo resistencia interna de sus empleados, puesto que veían que la tecnología digital era menos rentable que la de la fotografía tradicional.

2000: Kodak designó a Daniel Carp como CEO, quien intentó crear un puente entre el mundo de la fotografía tradicional con la digital.

Entonces ¿por qué casi 30 años de esfuerzos digitales de Kodak no rindieron los frutos necesarios para ganar el liderazgo y evitar la quiebra? Si bien tal vez no existe una única respuesta, al menos se puede deducir que el negocio tradicional era tan rentable que generó una "inercia interna" que le impidió a Kodak reconocer que la magnitud de la amenaza externa que había surgido requería de una re-dirección aún más enérgica, rápida e innovadora hacia el mundo digital.

Además, en la experiencia vivida por Kodak se puede observar que las mismas actividades relacionadas con la "fotografía tradicional" que en un momento generaban un "vector de desarrollo positivo" (VD+) más tarde, y bajo nuevas condiciones de mercado activadas por una amenaza externa, pasaron a generar un VD- y de hecho, fatalmente negativo.

Cuadrante II: Oportunidades con origen fuera de la empresa

Representa las oportunidades cuyo origen se encuentra fuera de la gestión de la empresa. Constituyen una especie de oportunidad que no siempre es fácil de identificar a tiempo y que por lo mismo, puede resultar compleja de aprovechar con los recursos que tiene la empresa.

El beneficio causado por estas oportunidades se asocia a lo que se podría llamar "suerte" por cuanto su origen no es fruto del esfuerzo desarrollado al interior de la organización, y hasta puede ser inesperado.

En esta categoría se pueden ubicar diferentes aspectos tales como los relacionados con fallas en la cadena de suministros de un competidor, mayor demanda de un producto debido a una condición inesperada como el que un producto se ponga de moda porque aparece en una película, mayor demanda de un servicio debido a un evento de fuerza mayor, etc. También podrían considerarse las oportunidades que surgen como consecuencias de cambios en las conductas del mercado tales como el requerimiento de mejores o nuevos servicios en una zona que aumenta su población o como consecuencia de cambio de hábitos o de nuevas posibilidades que surgen gracias al desarrollo de nuevas tecnologías, etc.

La capacidad directiva, ejecutiva y de la organización en su conjunto para aprovechar las oportunidades características de este cuadrante, es de gran relevancia para que la empresa logre adaptarse a tiempo y de este modo capitalice la oportunidad generando acciones con un VD+.

No está de sobra indicar que el espíritu emprendedor y el "buen olfato" que caracteriza a muchos emprendedores, es de gran ayuda en estos casos.

Ejemplos destacados de empresas que desarrollaron y capitalizaron oportunidades cuyo origen estaba fuera de la empresa

Existe una infinidad de ejemplos propios de esta categoría por lo que mencionaré sólo algunos, que han sido emblemáticos y que por ello asumo serán en su mayoría ampliamente conocidos :

Microsoft: el licenciamiento del MS-DOS por parte de Microsoft a IBM y a los diversos desarrolladores de computadores personales (PCs), satisfaciendo la necesidad de los consumidores de contar con hardware y software a precios accesibles

Dell: el surgimiento de la "venta directa" de Dell Computers, que generó un verdadero revuelo en el mercado de los computadores personales, satisfaciendo la necesidad de contar con computadores configurados de acuerdo a las necesidades propias de cada persona a un precio accesible.

Starbucks: la irrupción de Starbucks en el mercado para vender un "commodity" como el café, ampliamente conocido, pero de una manera tal que ha logrado un éxito de alcance global. Logró satisfacer la necesidad de contar con un buen servicio estandarizado, ofrecido en lugar grato.

Tesla: En el mercado automotriz Tesla, ofrece autos eléctricos, capturando la preferencia de usuarios dispuestos a pagar por autos más caros y satisfaciendo el interés de muchas personas por no contaminar (o al menos reducir las emisiones de CO_2).

Uber: el desarrollo de una aplicación que coordina de manera extraordinaria los requerimientos tanto de quienes necesitan movilizarse como de personas interesadas en trabajar con su vehículo, superando los inconvenientes que millones de usuarios observaban en los taxis convencionales.

Cuadrante III: Oportunidades con origen al interior de la empresa

Representan las oportunidades cuyo origen se encuentra dentro del ámbito de gestión interno de la empresa y que por lo mismo, se espera sean aprovechadas de manera rápida y muy eficiente tal de generar no sólo buenos resultados financieros, sino también beneficios en todos los ámbitos.

En esta categoría se pueden ubicar diferentes elementos tales como los relacionados a mayores ingresos resultantes de una campaña planificada o menores costos obtenidos como consecuencia de un aumento de eficiencia o de una mejora en la ingeniería, etc. lo que denomino *desenterrar reservas de utilidad*.

La capacidad ejecutiva y directiva capaz de *desenterrar reservas de utilidad* es decir, de aprovechar las oportunidades características del presente cuadrante, puede ser de gran relevancia para la empresa. Las acciones tomadas en este sentido pueden convertirse en una fuente de generación de un VD+ relativamente fácil e inmediato.

En esta categoría, también se pueden considerar un sinnúmero de diferentes oportunidades como por ejemplo las siguientes:

- Desarrollar nuevos productos y servicios que surgen de una adecuada política de inversión en investigación, innovación y desarrollo.
- Obtener ahorros gracias a la implementación de maquinaria con mayor eficiencia. Por ejemplo, haciendo uso de motores eléctricos de alta eficiencia en lugar de motores normales y/o implementando variadores de frecuencia para controlar bombas y ventiladores, etc.
- Mejorar la atención a clientes y con ello las ventas y los ingresos, al establecer un excelente plan de capacitación del personal de la empresa, que esté en sintonía con los requerimientos de los clientes y las capacidades de la compañía.
- Reducir los accidentes mediante planes de entrenamiento con simuladores y/o mejorando los niveles de seguridad, implementando una política adecuada que le de la debida importancia y prioridad a la prevención de riesgos.
- Mejorar los procesos de compra apuntando no solo a obtener mejores precios, sino que a mantener niveles de stock adecuados evitando así inmovilizar elementos (en exceso) de manera innecesaria.
- Etc.

Cuadrante IV: Amenazas con origen dentro de la empresa

Representa las dificultades cuyo origen se encuentra dentro del ámbito de gestión de la empresa y que por lo mismo, muchas veces se asumen inexistentes o se espera sean "contenidas" a tiempo de manera de minimizar el impacto.

En mi experiencia el daño causado a la utilidad de la empresa por dificultades proveniente de amenazas internas, es en muchos casos de gran importancia y se representa de manera clara con el concepto de lo que en algunos deportes se llamaría "autogol", por cuanto es inferido por miembros de la misma empresa.

Lo que resulta a veces contraintuitivo, es que aún cuando se origina al interior de la empresa, desde el punto de vista de las utilidades muchas veces no es menos riesgoso que el daño causado por la competencia y por lo mismo, debe ser atendido con la debida importancia. En esta categoría se podrían ubicar diferentes y numerosas materias tales como por ejemplo las siguientes:

- Multas por atrasos causadas por mala coordinación interna o con un proveedor o con un cliente.
- Clientes que dejan de comprar porque son mal atendidos o debido a que reciben un producto en mal estado.
- Errores de posicionamiento en productos o servicios, errores en la producción propia.
- Errores asociados al sobre endeudamiento o a una mala gestión de la estructura de deuda de una empresa.
- Etc.

Esta es una categoría de gran relevancia pero que es muchas veces despreciada, puesto que resulta difícil aceptar la posibilidad de que el origen de gran parte de los problemas sea más bien interno y que por lo mismo no se pueda culpar ni a la competencia, ni al mercado, ni a los políticos, ni a los reguladores, etc. del daño que estas amenazas internas –una vez activadas- causan a la empresa.

Para aquellos que pudieran no estar convencidos del enorme daño que las empresas se pueden llegar a auto-inferir, comento que me ha tocado ver *medianas empresas* en las cuales la utilidad resultó mermada en más de un 50% debido al elevado costo que tuvieron las consecuencias de la materialización de las amenazas internas (y no del mercado ni de la competencia).

Dicho lo anterior, los desafío a que analicen en detalle y en la empresa que deseen ¿cuál hubiera sido la utilidad de no haber sido víctimas de las amenazas internas? ¿llevan en su empresa una medición del monto de los daños internos?

Un caso muy particular de esta categoría (IV) que merece especial atención puesto que no se asocia a temas operacionales y que de hecho representa la mayor amenaza a la continuidad de las empresas familiares, se relaciona con los conflictos entre parientes, socios y el manejo de las sucesiones de la generación anterior. Como se comentará más adelante estos problemas también son frecuentemente subestimados.

Me parece oportuno advertir al lector que la forma en la cual se enfrentan las oportunidades y las amenazas – independientemente del origen- tendrá consecuencias significativas en relación a la capacidad para alcanzar el MDP (máximo desarrollo potencial). Si las decisiones no son las adecuadas o si no son corregidas a tiempo, si no se cuenta con elevados niveles de conocimiento y, por qué no decirlo, si no se toman con "sabiduría" a la luz del "vector de desarrollo", se podrán generar buenos resultados en el corto plazo pero incubar daños futuros de diferentes magnitudes.

Cegados por el desconocimiento de los ciclos de vida de las organizaciones

Para enfatizar la complejidad del mundo empresarial ahora desde un punto de vista de la evolución de las empresas y apuntando nuevamente a la importancia de contar con los medios de gestión necesarios, estimo conveniente presentar dos modelos, orientados a facilitar la identificación de los cambios que sufren las empresas a lo largo de sus vidas.

Las empresas, al igual que las personas y las plantas, transitan a lo largo de diferentes etapas de crecimiento y/o desarrollo. A diferencia de las plantas, sin embargo, si las empresas fallan en adaptarse al medio, no es debido a que no puedan, sino a que no quieren hacerlo.

La idea no es que dado que los modelos que se presentarán a continuación no aplican a todas las situaciones, no deben ser tenidos por ley. Pero sí estimo importante considerarlos como un elemento destinado a generar consciencia respecto que la realidad de las empresas cambia a lo largo del tiempo y que no siempre resulta fácil adaptar la organización adecuadamente y "a tiempo".

Reflexionar sobre los ciclos de vida de las organizaciones, puede resultar de gran utilidad tanto para mejorar la gestión de las empresas, como para evitar frustraciones en sus dueños.

Más aún, los modelos que se describen a continuación, permiten concluir que las crisis son una oportunidad y que las habilidades de liderazgo que las empresas van requiriendo a lo largo del tiempo, también van cambiando. Esto hace muy difícil que una misma persona pueda enfrentarlas adecuadamente y menos, si no se cuenta con apoyo directivo de alto nivel.

Modelo de crecimiento de Greiner

El profesor Larry Greiner publicó en Agosto del año 1972, un artículo [90] planteando la forma en la cual crecen, maduran y se desarrollan las empresas. Según el modelo cada etapa de crecimiento viene acompañada de una crisis que la finaliza, y da lugar a la etapa siguiente.

El modelo descrito se basa en cinco factores [91]: edad de la empresa, tamaño de la organización (medido en número de empleados y nivel de ventas), fases de evolución (entendidas como prolongados períodos en los cuales no ocurren transformaciones importantes en las prácticas de las empresas), fases de revolución (períodos en los cuales sí ocurren cambios significativos en las prácticas empresariales) y finalmente tasa de crecimiento de la organización (en general el contexto competitivo en el cual se involucra)

Según mi interpretación del modelo de Greiner, quisiera destacar que para él, el origen de los problemas de las organizaciones se encuentra más asociado a decisiones pasadas, que a eventos del presente o a las condiciones de la actualidad.

De acuerdo al profesor Greiner, durante la vida de las empresas estas evolucionan alternando etapas de crecimiento con momentos de crisis cuyas transiciones se van logrando a través de cambios estructurales.

---

[90] Larry E. Grainer. Evolution and Revolution as organizations grow. Harvard Business Review May-June 1998 issue.
[91] Jean Blaise Mimbang. Greiner Growth Model . 50Minutes.com.

Las etapas de crecimiento, caracterizadas por cambios graduales, son las que interpreto a continuación:

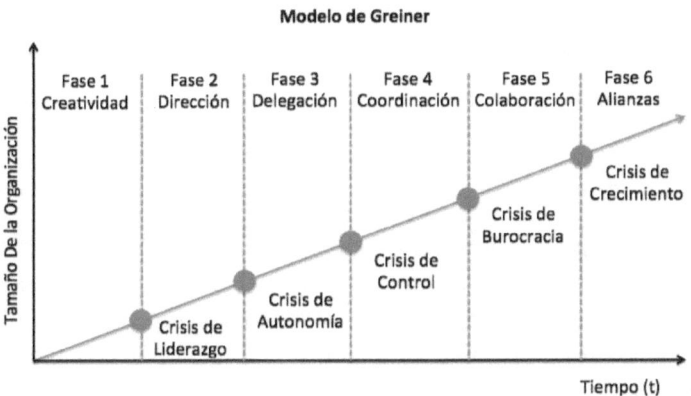

Etapa 1 : Creatividad o emprendimiento

Corresponde a la etapa de fundación de la empresa, normalmente con algún negocio en crecimiento, liderado por emprendedores –no necesariamente administradores- que mantienen una fluida comunicación informal, con cargos y responsabilidades no muy bien definidos, jugando múltiples roles con gran entusiasmo.

Crisis 1: de Liderazgo

La crisis surge cuando la empresa ha crecido y se ve en la necesidad de estructurar más formalmente las actividades productivas, contables, financieras, etc. acorde con el principio de especialización de funciones. La solución a esta crisis se encuentra en la contratación de un Gerente, con los conocimientos necesarios para implementar la estructura necesaria. Esta acción no está exenta de riesgo, por cuanto los fundadores normalmente tienen la tentación de interferir en las actividades, puesto que ellos antes las realizaban.

Etapa 2: Dirección

Una persona toma el control y dirige la empresa, para que sea capaz de continuar por el camino del crecimiento, en un ambiente de comunicación más formal y con enfoques en áreas particulares, tales como marketing o finanzas, etc.

Crisis 2: Autonomía

Llega un momento en el que la complejidad de las operaciones se vuelve muy elevada debido a la gran cantidad de productos o servicios y sus correspondientes procesos. En este momento la empresa ya no puede ser dirigida por una sola persona que intenta resolver todos los problemas.

Etapa 3: Delegación

En esta etapa, la empresa crea una estructura, caracterizada por la delegación de funciones desde el líder o gerente general a los correspondientes jefes o gerentes intermedios, lo cual va normalmente asociado al ingreso de nuevos capitales.

Los nuevos ejecutivos dan un renovado impulso a la empresa mediante un trabajo focalizado en sus respectivas áreas.

Crisis 3: Control

A estas alturas, el gerente general que sigue interesado en resolver los problemas fundamentales de la empresa, encuentra difícil dejar las cosas como están. El problema es que la organización ha crecido demasiado para ser dirigida por una sola persona. La solución a esta crisis se encuentra en una delegación detallada y bien pensada, caracterizada por la creación de departamentos con funciones bien definidas.

Etapa 4: Coordinación o formalización

El crecimiento continúa ahora con la creación de unidades de negocios específicas e incluso subsidiarias. Idealmente la empresa comparte los mismos objetivos, pero debido a que cada área o departamento tiene a su vez objetivos propios, cada una goza de cierto nivel de autonomía.

Crisis 4: Burocracia

A estas alturas la burocracia se ha vuelto un problema de importancia que causa un impacto negativo en la organización. Creciendo de esta forma, las formalidades de la organización no permiten alcanzar la función principal de la empresa.

Etapa 5: Colaboración

Para superar la crisis, la empresa debe adquirir una nueva cultura, alineada en una misma visión y adoptar una nueva forma de trabajo mucho más colaborativa y con una estructura más flexible.

Crisis 5: Crecimiento interno

Debido al interés de la etapa de colaboración por aumentar ventas, bajar costos e incrementar ganancias, la organización re-enfoca sus prioridades. Promociones, rotación de cargos y entrenamientos, permiten a las personas maximizar sus labores, terminando en una crisis de crecimiento interno por "exceso de colaboración".

Etapa 6: Alianzas

Más tarde -razón por la cual no se conocen muchos detalles de esta última etapa- el profesor Greiner agregó esta sexta etapa, indicando que el futuro crecimiento, vendría de la capacidad para manejar asociaciones ("outsourcing" o mediante la subcontratación) en aquellas funciones que no son parte del negocio base de la empresa o de la articulación colaborativa con otras entidades. Las ventajas de esta etapa serían:

- re-enfocar la empresa en sus competencias
- reducir la complejidad asociadas al tamaño de las empresas
- contener los costos
- asegurar la calidad
- flexibilizar la empresa para cambiar proveedores y distribuidores, dependiendo de su estrategia de desarrollo.

Es importante reiterar que para el profesor Greiner, los problemas de las organizaciones son originados esencialmente por decisiones pasadas más que por acontecimientos actuales o por las características del mercado, considerando que los antecedentes históricos de las organizaciones moldean el futuro de las mismas. Considera que el futuro de una organización lo determina su propia historia, más que las fuerzas externas.

Sin embargo, es común ver que los directores de empresas preocupándose más por los resultados de corto plazo, en algunos casos olvidan cuestionamientos básicos tales como los siguientes:

- ¿Dónde ha estado la organización?
- ¿Dónde se encuentra ubicada la organización, en este momento?
- ¿Qué significan las respuestas a las interrogantes planteadas, respecto al rumbo actual que lleva la empresa?

Complemento y conflicto entre emprendedores y administradores profesionales

Existen muchas diferencias entre un "emprendedor" y un "administrador profesional", que resumo en el siguiente cuadro [92].

Característica	Empresario	Administrador
Conducta	Control	Delegación de autoridad
Estilo Administración	Individualista	Dirección de equipo
Motivación	Creación e innovación	Establecer y mantener estabilidad
Crecimiento Organizacional	Reacción rápida	Planificación estratégica
Estructura Organizacional	Informal y flexible	Organizada
Toma de desiciones	Intuitiva	Obtener información y buscar consejo
Definición de objetivos	En términos de la visión	En términos comerciales
Actitud hacia el dineor	Consecuencia	Medición de éxito
Actitud ante el riesgo	Riesgo calculado	Evita el riesgo
Cultura organizacional	Cultura del emprendimiento	Cultura del administrador

Chris Zook y James Allen contribuyen con un concepto que me parece oportuno destacar indicando que la mentalidad de los "fundadores" de empresas contribuye al crecimiento y éxito de estas[93]. En base de lo anterior y a mi experiencia me parece que las principales características de los fundadores exitosos se podrían resumir en las siguientes:

- visión de largo plazo
- cuidado del dinero
- cercano a la "línea de combate": las ventas
- gran capacidad de enfocarse en tareas "clave" (las más importantes), de tomar decisiones rápidas y de hacerlo de manera ágil

---

[92] http://www.entrepreneurship-isemi.com/article/8
[93] Chris Zook & James Allen. The Founders Mentality, How to overcome the predictable crisis of growth. Harvard Business Review Press 2016.

- gran capacidad para liderar equipos de trabajo, aún cuando los estilos son muy variados (y no todos son los propios de amables pedagogos).

Como se puede anticipar, el gerente ideal para una empresa será aquel que sabe cómo combinar ciertos rasgos del administrador profesional tales como el orden y la disciplina, con características empresariales como la rápida reacción a las oportunidades de negocio, la creatividad y la capacidad de crear en los empleados un sentido de visión y desafío.

En términos del modelo de Greiner, el paso de la etapa 1 como empresa "nueva" a la 2 como "empresa establecida", es uno de los más críticos en la vida de cualquier compañía.

Es así como la esencia de la dificultad en el paso desde la etapa 1 a la 2, es lo que se podría denominar un "conflicto estructural"; el cual a menudo supone una amenaza para la existencia de la organización. Este conflicto se puede resumir de la siguiente manera: las mismas cualidades necesarias para establecer un nuevo negocio, son las cualidades que luego afectarán negativamente el buen funcionamiento de la empresa, a veces, fatalmente.

El "conflicto estructural" en cuestión, surge del hecho de que el empresario que ha asumido riesgos personales y comerciales importantes para establecer el negocio, que ha trabajado día y noche para fortalecerlo y promoverlo, en algún momento descubre que el negocio está funcionando bien y él puede sentarse, relajarse, y disfrutar de los frutos de su trabajo. Sin embargo, el empresario típico no es el tipo de persona que se toma las cosas con calma; por el contrario, sigue participando activamente en las actividades del día a día de la empresa, que está creciendo rápidamente y que ahora requiere una administración bien organizada. Su participación puede conducir a la hostilidad y la tensión, lo que daña la capacidad de la organización para funcionar e incluso para sobrevivir.

Por esta razón, en las organizaciones comerciales en los países occidentales es posible observar numerosos casos en los que el empresario fundador no supo cuándo había que preguntarse ¿estoy sobrando por aquí?; así como muchas experiencias en las cuales este empresario fundador terminó arruinando su propio negocio.(En inglés se conoce como "The founder's syndrome", el síndrome del fundador).

Modelo de crecimiento de Adizes

Comentario previo: las metáforas biológicas no describen de manera precisa los patrones de comportamiento social como el propio de las empresas, debido a que el comportamiento de estas últimas –a diferencia de los entes biológicos- no sólo está determinado por su función sino también por las creencias, conflictos y acciones de sus miembros. Las personas, las familias, la sociedad, las organizaciones y las empresas se comportan como "sistemas dinámicos" y complejos, es decir con muchas partes en interacción, donde conviven entrelazados en una especie de "tejido" lo previsible, lo imprevisible, lo cuantitativo y lo cualitativo, el caos y el azar[94].

El Dr. Ichak Adizes propuso en 1994 un modelo de ciclo de vida organizacional compuesto de diez etapas [95], a las que a su vez dividió en tres fases generales: la etapa de crecimiento, la de madurez y la de envejecimiento.

Presento a continuación este modelo, puesto que contribuye a "retener" el hecho de que las empresas van evolucionando y que su administración también debe actuar en consecuencia. Para quienes deseen profundizar en el estudio del modelo, existe una universidad

---

[94] Dr. Sergio Canals. 2016. Extraído de artículo llamado "El Cambio incesante y la estabilidad a largo plazo".
[95] Para profundizar en el modelo planteado por Adizes, sugiero leer directamente a su creador en a) "Managing Corporate life cicles, how organizations grow, age and die" y b) "Pursiut for prime". Escritos por Ichak Kalderon Adizes, PhD .

Adizes (www.adizesgraduateschool.org) y varios libros publicados por el destacado autor.

El Dr. Adizes utiliza una constante analogía entre el desarrollo de una persona y el de una organización, tal y como se observa en el esquema simplificado que se muestra a continuación:

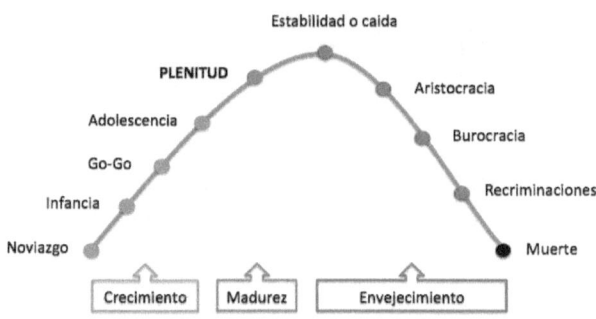

Etapa I : de crecimiento
1. Noviazgo o nacimiento:

El "cortejo" es la primera etapa de desarrollo de una organización. En esta etapa, la empresa aún no ha nacido. Existe como una idea en la mente del (los) fundador(es). El foco de cortejo está en los sueños y posibilidades futuras.

El objetivo principal de esta etapa es construir el entusiasmo y el compromiso del fundador hacia este "sueño" o idea. Cuanto mayor sea el riesgo, más profundo es el compromiso necesario.

2. Infancia:

La infancia comienza en el momento en que toma el riesgo financiero y el fundador deja el trabajo remunerado que probablemente tenía, cuando firma los documentos de un préstamo o cuando compromete algún porcentaje de propiedad de la compañía a inversores externos.

En esta etapa, las organizaciones están necesariamente orientadas a la acción y a las oportunidades que van apareciendo. El enfoque cambia instantáneamente de las ideas a la acción. El tiempo de hablar ha terminado; es el momento de ponerse a trabajar y producir resultados (ventas y dinero en efectivo.)

3. Crecimiento rápido (go-go)

Una organización Go-Go es una empresa que tiene un producto o servicio exitoso, de rápido crecimiento de ventas y flujo de caja fuerte. La empresa no sólo sobrevive sino que está floreciendo.

A los principales clientes les encantan sus productos o servicios y desean más. Incluso los inversionistas están empezando a entusiasmarse con los resultados.

Con el éxito alcanzado, todo el mundo se olvida rápidamente acerca de las dificultades propias de la infancia. El éxito continuo transforma rápidamente esta confianza en arrogancia.

4. Adolescencia

Durante la etapa adolescente del ciclo de vida de la organizaciones, la compañía vuelve a nacer. Este segundo nacimiento es un momento emotivo donde la empresa tiene que encontrar una vida aparte de la proporcionada por su(s) fundador(es).

Esta crítica transición es muy parecida al renacer que un adolescente vive para independizarse de sus padres. La compañía se "tambalea" entre el éxito y el desastre.

La incorporación de un gestor profesional significa un cambio en el liderazgo de la organización; si no es correspondido con un cambio en la cultura organizacional, no podrá llevar la identidad de su próxima etapa de crecimiento.

Esta es una etapa muy compleja para el o los fundadores, durante la cual se pone a prueba su real interés por delegar. No es raro que aparezcan tensiones y divisiones cuando "el o los experimentados" fundadores intenten adecuarse al gerente "recién llegado". Si las peleas entre los de siempre y los recién llegados ocurre con normalidad, cesarán pronto. De lo contrario, habrá un divorcio que puede distraer a la organización de su foco.

Etapa II: de Madurez
5. Plenitud

Es la posición óptima en el ciclo de vida, donde la organización finalmente logra un equilibrio entre el control y la flexibilidad. Plenitud no es en realidad un único punto de la curva del ciclo de vida. Está mejor representada por un segmento de la curva que incluye tanto las condiciones de crecimiento como el envejecimiento.

Esto se debe a que la flexibilidad y el autocontrol son incompatibles, por lo que no existe un equilibrio estable. A veces la organización en plenitud es más flexible que controlable y a veces no es lo suficientemente flexible.

Un paréntesis a la descripción del modelo en curso: si a estas alturas del relato usted siente que este modelo representa su realidad y que su empresa ha llegado a un punto "de plenitud" en el cual se puede sentir satisfecho y/o tranquilo por el futuro, le sugiero que lo re-considere. Esté atento a que ya exista el producto o servicio que le quitará su tranquilidad o liderazgo y que por ahora sea "tan pequeño" que no lo haya visto.... Tal como le pasó a empresas tan notables como Blackberry, por ejemplo.

Etapa III : de Envejecimiento

6. Estabilidad o caída

Esta fase que se podría llamar de estabilidad o de inicio de la caída, se coloca en la parte superior de la curva del ciclo de vida, pero no es el lugar para estar. La posición deseada para una organización es la plenitud, donde la vitalidad de la organización está en su máximo.

Las empresas que se encuentran en la fase de otoño han comenzado a perder su energía y envejecen. Cuando una organización comienza a envejecer, los síntomas no aparecen en sus informes financieros. De hecho, lo opuesto es verdad.

Las empresas en la etapa de otoño son a menudo ricas en efectivo y tienen estados financieros fuertes. Pero ya no son tan creativas puesto que estiman que hacen todo correctamente. La declinación comienza cuando la entidad *deja de ser flexible* y le cuesta cada vez más adaptarse a los cambios del entorno.

7. Aristocracia

Los efectos de la disminución constante de flexibilidad que se inició en la plenitud, empiezan a ser más evidentes en la etapa aristocrática. Debido a que se han dejado de aprovechar las oportunidades de largo plazo, el enfoque de la empresa se ha ido convirtiendo cada vez más de corto plazo.

En su mayor parte, sus objetivos son orientados económicamente y de bajo riesgo. Con una menor visión de largo plazo, el clima en una organización aristocrática es relativamente rancio.

En esta fase, lo importante no es qué se hace sino cómo se hace y quién lo hace. La innovación y ganas de explorar nuevas alternativas –que alguna vez caracterizaron a la empresa- son ahora prácticamente inexistentes.

8. Recriminaciones

Cuando una aristocracia no es capaz de revertir su espiral descendente y las reparaciones artificiales finalmente dejan de funcionar, la sociedad de admiración mutua se termina abruptamente.

Los días de buen viejo "compadre" de la aristocracia han terminado, y comienza la caza de brujas y la recriminación.

Las compañías en esta etapa se centran en quién causó los problemas, en lugar de en cómo solucionarlos.

9. Burocracia

A pesar de que debería estar muerta, la empresa en la burocracia se mantiene viva con el apoyo de vida artificial. La empresa nació la primera vez en la infancia, renació en la adolescencia, y volvió a nacer en la burocracia cuando se pone una continuidad artificial en su vida: algunas veces aumentando el endeudamiento en base a la credibilidad que generaron buenos resultados pasados.

10. Muerte

La muerte se produce cuando no hay nadie que siga comprometido con la organización.

Los monopolios y agencias gubernamentales que están en lo que se podría denominar una "cuarentena" por la presión competitiva y que proporcionan una base importante del empleo, a menudo logran vivir un tiempo largo de manera artificial y con costos muy elevados.

El Dr. Adizes considera que las organizaciones atraviesan durante cada una de las diferentes etapas, problemas normales y anormales. Su superación sería la clave para la transición entre etapas, ya que de ellas depende la supervivencia de cada entidad.

Para el Dr. Adizes, las empresas van transitando de una etapa a otra, generándose dos tipos de problemas: los normales y los anormales. Los primeros se producen cuando una empresa utiliza los recursos y energía para transitar, logrando el cambio con éxito. Los segundos, cuando la energía se utiliza para oponer resistencia, en cuyo caso estima necesario contar con ayuda externa.

Las principales características correspondientes a las tres grandes etapas descritas por el Dr. Adizes son las que resumen a continuación[96]:

	Nacimiento	Juventud	Madurez
Tipo de estructura	Informal	Centralizada y formal	Descentralizada, formal
Edad y tamaño	Joven y pequeña	Más vieja y más grande	La más vieja y la más grande
Índice de crecimiento	Inconsistente pero mejorando	Rápido	Desaceleración o decrecimiento
Comunicación y la planificación	Informal de manera personal y poca planificación	Moderadamente formal, existencia de presupuestos	Muy formal, planificación de cinco años, reglamentos y regulaciones.
Método en la toma de decisiones	Individual, juicio emprendedor	Profesional, uso de herramientas analíticas	Profesional, negociación
Característica del personal directivo del nivel superior	Generalista	Especialista	Estratega y planeador
Sistema de recompensas	Personal y subjetivo	Impersonal y sistemático	Impersonal, formal y totalmente objetivo

---

[96] http://www.eumed.net/ce/2014/2/vida-empresa.html

Directorio y performance de la empresa

El cuadro que presento a continuación lo he creado como una herramienta simplificada para clasificar condiciones que facilitarán el buscar, identificar y focalizar medidas de acción, tendientes a mejorar el funcionamiento de las empresas:

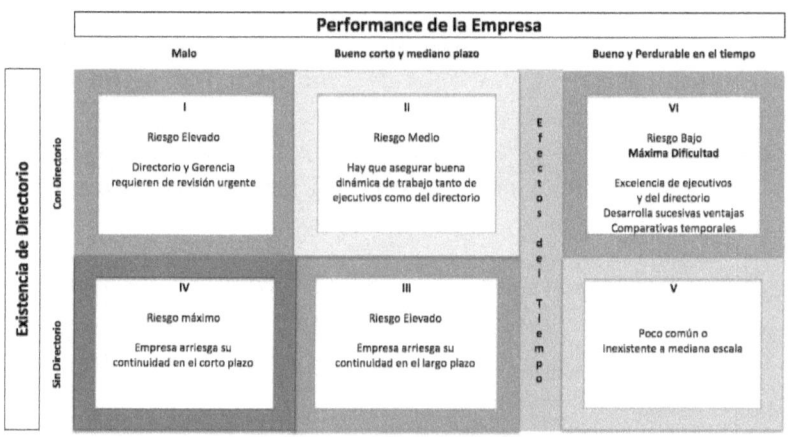

Empresa con directorio y malos resultados

Representa a todas aquellas empresas que cuentan con un directorio formal pero que pese a lo anterior, obtienen –sistemática o recurrentemente- malos resultados.

En estos casos, es necesario, junto con llevar a cabo una revisión de las competencias de los ejecutivos, hacer lo propio con el perfil de los miembros que componen el directorio, el tiempo que este organismo le asigna a sus funciones así como la dinámica de trabajo que se da al interior de éste y la que existe entre el directorio y la gerencia de la empresa.

Es importante destacar que el hecho de contar con un directorio, no garantiza que su funcionamiento sea el adecuado ni que esté aportando a mejorar el resultado de la empresa. En muchos casos este organismo es mal dirigido, no se enfoca adecuadamente en aspectos estratégicos o está afectado por dinámicas negativas (como las que se explican en el capítulo V).

Si bien la tentación –a priori- es típicamente la de reconfortarse culpando a la competencia de los problemas de la empresa o creer que el origen de las dificultades está en las imperfecciones del mercado; resulta más productivo el revisar a fondo los factores internos que pueden estar funcionando mal.

En este sentido y tal como se podrá observar en el ejemplo que se muestra a continuación, no me cansaré de repetir que es vital el dejar de culpar a los factores externos. Por el contrario, hay que enfocarse en "liberar" todas aquellas oportunidades con potencial de generar "extra utilidad" escondidas al interior de las empresas, y que sólo requieren de una mejor gestión para ser "desenterradas".

Empresa con directorio y buenos resultados

Representa aquellas empresas que se encuentran en el mundo ideal: cuentan con un directorio y obtienen buenos resultados.

Estas empresas, enfrentan varios peligros tales como dejar que el éxito haga al grupo directivo caer en conformismo y la empresa pierda o no desarrolle la "adaptabilidad" necesaria.

En estos casos, conviene revisar la capacidad del directorio para incorporar medidas tendientes a optimizar o mejorar aún más los resultados. Deben tomarse además, medidas para evitar que se incentiven decisiones que favorezcan el corto y mediano plazo, poniendo en riesgo el largo plazo de la empresa. Finalmente, no debe descuidarse la importancia de evitar la autocomplacencia, la burocracia y la falta de adaptabilidad.

Debiera analizarse también, la capacidad para que el actual modelo de la empresa siga generando resultados positivos en el largo plazo, para en caso contrario, diseñar e implementar una transformación estratégica. Aquí es donde el análisis de los modelos de Greiner y Adizes pueden resultar de utilidad, al menos para comprender que la empresa ha venido y seguirá evolucionando.

Este puede ser el momento para que las medianas empresas revisen el plan de sucesión de los fundadores e implementen medidas para evitar o administrar posibles conflictos familiares futuros.

NOKIA

Empresa pública, con directorio que lideró la telefonía móvil hasta perder el liderazgo.

Fredrik Idestam creó Nokia en 1865 al sur de Finlandia, como una fábrica de pulpa de madera. Casi 100 años después, hacia 1962, la empresa entró en el mundo de las telecomunicaciones. Durante los años 70 y con la llegada de la digitalización, Nokia destacó por su capacidad para innovar. En 1982, Nokia produjo el primer sistema de telefonía móvil, llamado "Senator" y en 1984 introdujo el primer teléfono transportable, el "Mobira Talkman". Tras un continuo desarrollo durante los 90, se dice que en 1998 el mismo Bill Gates habría tomado contacto con el presidente de Nokia, para plantearle la idea de desarrollar un sistema operativo conjunto destinado a dominar el mundo de la telefonía tal como lo había hecho Windows en el mundo de los computadores personales; pero el proyecto nunca se habría iniciado.

Hacia finales del 2010, Nokia estaba en crisis pese a haber logrado aumentar los ingresos en un 4% -respecto del año anterior- y de haber alcanzado ventas por más de 42 billones de Euros, con utilidades cercanas a los 1,8 billones Euros antes de impuestos [97]. El precio de la acción había pasado de valores cercanos a los U$ 12 en mayo a cotizarse en el orden de los U$ 8 en junio y si bien la empresa aún contaba con cerca del 28,4% del mercado global, la acción era duramente castigada debido a que había perdido 8 puntos de participación en el último año, desde el 36,4% de mercado. Esto se debió a que para finales del año 2010 solo Apple -entre otros varios fabricantes- había logrado vender más de 70 millones de iPhones, con sus respectivas aplicaciones.

De acuerdo a un artículo publicado por el *The New York Times* [98] en Septiembre del 2010 : la sofocante burocracia llevó a la falta de acción en la temprana innovación de teléfonos inteligentes. La empresa había sido devorada por sus éxitos anteriores y viviendo en un estado de autocomplacencia, de lentitud y de lejanía de los deseos de sus clientes. Algunos años antes que Apple introdujera el iPhone en el 2007, el prototipo de un aparato conectado a internet, con pantalla grande y sensible al tacto, ya rondaba en las manos de la alta gerencia de Nokia; y aún más, la empresa ya había desarrollado una primera versión de lo que sería más tarde el "AppStore". El prototipo, desarrollado por el centro de investigación de la empresa en Finlandia era visto por los ingenieros como un invento disruptivo que les hubiera dado al mayor fabricante de teléfonos celulares una poderosa ventaja en el mercado de telefonía celular.

Por lo tanto, no habría sido la falta de tiempo, ni de recursos, ni de conocimientos, ni de capacidad de innovación y desarrollo lo que impidió a Nokia a subirse a tiempo a la siguiente ola.

---

[97] Nokia in 2010 Review by the Boards of Directors.
http://company.nokia.com/sites/default/files/download/07-agm-nokia-in-2010-pdf.pdf
[98] Kevin J. O'Brien. Nokia's New Chief Faces Culture of Complacency. The New York Times, September 26, 2010.
(http://www.nytimes.com/2010/09/27/technology/27nokia.html)

Si bien el ejemplo de Nokia da espacio para diferentes interpretaciones, al menos desde un punto de vista, pareciera que la empresa no logró superar una *crisis de burocracia*. Desde otro ángulo, pareciera que la dirección de la empresa fue capturada por una especie de *inercia del éxito* que no le permitió valorar adecuadamente e implementar las innovaciones que sus ingenieros habían creado de manera visionaria.

Me parece razonable suponer que todos los usuarios de Nokia y especialmente los accionistas, hubieran esperado que la dirección de la empresa -incluyendo al directorio- hubiera tomado las medidas necesarias para que mantener su liderazgo. Dado lo anterior me surgen algunas consultas como las siguientes: ¿qué rol jugó el Directorio en la estrategia de la empresa? ¿qué medidas se pudieron haber tomado para contar con un directorio profundamente involucrado en la estrategia y capaz de liderar el paso de la empresa a la siguiente etapa? ¿tenía el directorio conciencia de la transitoriedad de las ventajas competitivas? ¿estaba adecuadamente entrenado el directorio para detectar y evitar dinámicas negativas que pueden afectar la toma de decisiones?

Empresa con buenos resultados que no tiene directorio

Representa a todas aquellas empresas que aún cuando puedan haber tenido hasta el momento buenos resultados, no cuentan con un directorio.

Tal como se explicó anteriormente con los modelos de Greiner y Adizes, este tipo de compañías se encuentra más expuesto aún a las dificultades propias del desarrollo de las empresas. En este sentido, corren el peligro de no poder articular las medidas necesarias para dar continuidad a los buenos resultados.

Como accionista, no me sentiría tranquilo y consideraría que mi patrimonio está en riesgo. Aquí es donde el análisis de los modelos de Greiner y Adizes pueden resultar de utilidad, al menos para comprender que la empresa seguirá evolucionando y que los buenos resultados, podrían no ser eternos.

Empresa con malos resultados y sin directorio

Tal como se explicó anteriormente con los modelos de Greiner y Adizes, este tipo de compañías se encuentra más expuesta aún a las dificultades propias del desarrollo y evolución de las empresas; por cuanto el Gerente típicamente no contará con alguien que le pueda ayudar en estos temas "esotéricos del management".

Cuando estas empresas sobreviven, muchas veces lo hacen debido al empuje del emprendedor, a que mantienen bajos niveles de costos operacionales y lo hacen sacrificando potencial de crecimiento. Este tipo de empresas no resultan atractivas ante el mercado laboral y por lo mismo, se exponen a una condición de deterioro mayor relativo a sus pares.

Empresa sin directorio y buenos resultados, perdurables en el tiempo

Representa una categoría de empresa poco común: tarde o temprano son víctimas de algunas de las grandes amenazas que ofrece el "efecto del paso del tiempo" a la capacidad de ir adaptando la estrategia competitiva, la innovación y la organización o los cambiantes requerimientos del mercado para lograr ir generando sucesivas ventajas comparativas temporales.

Empresa con directorio y buenos resultados perdurables en el tiempo

Representa aquellas empresas que no sólo logran tener buenos resultados, sino que logran hacerlo de manera perdurable en el tiempo, al ir generando sucesivas ventajas competitivas de alcance temporal.

Las empresas que se pueden clasificar en esta categoría son excepcionales y se hacen conocidas debido a que logran alcanzar una trascendencia temporal que va más allá de los productos y servicios que en algún momento las pudieron haber lanzado al estrellato.

A modo de ejemplo, se podría considerar como exponentes de esta categoría empresas de amplio reconocimiento mundial tales como IBM, Siemens, ABB, J&J, por mencionar sólo algunas.

HAMBERGER

Arraigada en el futuro, durante 150 años

www.hamberger.de

Mediana Empresa, que cuenta con directorio y buenos resultados, perdurables en el tiempo

Hamberger es una empresa familiar que fue fundada en Alemania en 1866 por el Sr. Franz Paul Hamberger, como una fábrica de fósforos.

Al momento de escribir este libro en el 2016 ha cumplido 150 años, cuenta con cinco unidades de negocios : pisos, aserradero, sanitarios, tiendas y bosques. En la empresa trabajan casi 2.400 empleados siendo liderada por la quinta generación de la familia Hamberger.

Hoy en día son conocidos por los productos marca "HARO". Fabrican pisos, pavimentos deportivos y elementos para baños. La empresa exporta el 48% de su producción a más de 90 países , con una facturación total de más de 300 millones de Euros.

La misión de la empresa es "Nosotros creamos calidad de Vida". Sus valores fundamentales son los siguientes:

- Empresa familiar
- Innovación
- Orientación al cliente
- Orientación a los empleados
- Sostenibilidad
- Empresa manufacturera
- Preocupación por la calidad
- Responsabilidad
- Éxito económico

Si bien la empresa no cuenta con un directorio, si tiene un *consejo asesor* que sesiona trimestralmente y que está compuesto por cinco miembros: dos que son parte de la familia y tres que son externos.

A través de la historia de Hamberger siempre ha existido un largo período de cooperación entre los líderes empresariales familiares. Esta cooperación trans-generacional ha sido uno de los factores de éxito más importantes de Hamberger: la cohesión de la familia y un entendimiento común de la estrategia a largo plazo de la empresa han sido muy importantes. El conjunto de reglas que se establecieron y rigieron a lo largo de décadas, fueron escritas el año 2011 en lo que hoy son los principios corporativos de Hamberger.

Para que un miembro de la familia llegue a la alta gerencia debe cumplir con los siguientes requerimientos:

- él o ella tiene que ser capaz (buena educación), él o ella tiene que estar dispuesto a asumir las responsabilidades del cargo
- y él o ella tiene que ser autorizado para hacer el trabajo, mediante una votación en la asamblea general.

Si bien los estatutos permiten que el cargo de gerente general sea ocupado por una persona ajena a la familia, esto no ha ocurrido aún.

En la empresa se llevan a cabo dos *asambleas generales* con participación de todos los accionistas tanto en junio como en diciembre. Esto permite mantener informados a todos los accionistas y votar en caso de que sea necesario. Además, se tienen reuniones regulares trimestrales en la *junta asesora* (dos accionistas son miembros de la junta asesora);

Si bien el consejo asesor no tiene dispuesto un límite formal de endeudamiento, las inversiones mayores deben ser aprobadas por la *asamblea general.*

Efecto del paso del tiempo

Desde cierta perspectiva, se podría decir que el paso del tiempo genera una especie de *abismo* insalvable para un importante número de empresas, manifestándose a través de lo que llamamos "crisis". Pareciera inevitable que las empresas enfrenten diferentes situaciones que tras alcanzar cierto nivel de éxito no sólo las expusiera a reducir sus ingresos, sino a desaparecer del mercado debido a la incapacidad de hacer permanente en el tiempo aquella ventaja competitiva que en algún momento la destacó de entre sus pares y/o la hizo exitosa. La profesora de Columbia Business School Rita Gunther McGrath, hace un aporte que sugiero sea explorado con mayor detenimiento por los lectores, al identificar lo que denomina ventajas competitivas transitorias [99].

Las crisis las hay de muchos tipos, algunas asociadas al rápido crecimiento, otras asociadas a la falta de crecimiento; como también algunas asociadas a la caída e incluso al desplome de los ingresos que fueron estables.

Cada uno de los diferentes tipos de crisis, requiere de un "set especial" de acciones el cual se debe implementar en un determinado tiempo y es aquí en donde el directorio –dada su condición única de elevado conocimiento del negocio pero distancia del día a día- tiene que jugar un rol complementario al de la plana ejecutiva, para lograr la continuidad de la empresa.

---

[99] Rita Gunther McGrath. Harvard Business Review Press 2013. The end of competitive advantage , how to keep your strategy moving as fast as your business.

V. PALABRAS FINALES

> Con audacia se puede intentar todo,
> Pero no conseguir todo.
> - *N. Bonaparte*
>
> El secreto de la vida es saber cuándo es suficiente.
> - *Dr. Vincent Ryan*

Vivimos en una era de cambios que se aceleran a una velocidad cada vez mayor. La ley de Moore y su efecto en las tecnologías digitales, en complemento con las consecuencias que están generando el calentamiento global (más allá de las diferencias de opinión relativas al origen de este último) y la globalización, han creado un entorno que evoluciona de una manera para la cual ni las empresas ni las instituciones humanas en general fueron diseñadas.

Como si lo anterior fuera poco, la mente humana está limitada por sesgos cognitivos que restringen nuestra capacidad para identificar tanto las oportunidades como las amenazas que se presentan, generando incertidumbre respecto del futuro.

En el presente libro se han dado argumentos y mostrado ejemplos tendientes a dejar en evidencia al menos lo siguiente:

- Pareciera no haber límites para la Innovación: La era digital ha introducido tecnologías que avanzan a una velocidad no lineal y que confunden las capacidades humanas de evaluación y administración. Nuevas tecnologías surgen desde diferentes

áreas del conocimiento y se entremezclan para generar nuevas innovaciones.
- Se requieren empresas expertas en tecnologías digitales: Existen aún empresas que encandiladas por éxitos del pasado o no logran captar la urgencia de incorporar las tecnologías digitales o no avanzan a la velocidad requerida para convertirse en expertos digitales.
- Los gobiernos de las empresas deben dominar el balance entre la exploración y la explotación: En la era digital siguen presente los riesgos de cometer los errores de administración del pasado; los que muchas veces son consecuencia de las decisiones y omisiones, más que de las circunstancias. Aprovechar las *circunstancias* del mercado para convertirlas en oportunidades depende de la una difícil interacción entre el uso de tecnologías digitales y la estrategia; tal y como por ejemplo, se aprecia al contrastar la forma en la cual Kodak y FujiFilm enfrentaron una misma amenaza, propia de la era digital.
- El futuro no está garantizado ni para la empresa más exitosa: El rápido avance de las innovaciones tecnológicas, genera un gap con respecto a la capacidad de adaptación de las empresas tradicionales, que puede ser llenado por emprendimientos, los que pueden terminar poniendo en riesgo el posicionamiento de los actores tradicionales de las respectivas industrias.
- Siguen presente los riesgos del pasado: Las empresas que se inician siendo lideradas bajo un "espíritu emprendedor", evolucionan con el pasar de los años requiriendo cambios a los que -muchas veces- no son capaces de hacer frente adecuadamente o con la agilidad necesaria. Las empresas evolucionan -con un cierto parecido a la vida animal- lo cual obliga a desarrollar una actitud y capacidad de adaptabilidad, en la cual el directorio juega un rol relevante.
- Caminamos a la sombra de Sesgos Cognitivos: Los seres humanos estamos expuestos a cometer importantes errores, puesto que contamos con una *racionalidad limitada*. El tomar conciencia de esta debilidad, puede evitar grandes problemas y un directorio bien organizado, puede jugar un rol en este sentido.

- Se requiere más que nunca de buenos Gobiernos: En la actualidad, las ventajas competitivas son transitorias, por lo que los directorios deben participar activamente en la definición, actualización y control de la estrategia de la empresa. Los directorios mal configurados y que no cuentan con una dinámica de trabajo adecuada, dan espacio a que los riesgos internos y externos se conviertan en amenazas. Los directorios bien configurados y organizados, aún cuando pueda parecer obvio, deben jugar un rol en el monitoreo de la mejora continua de los procesos asociados al negocio base de sus empresas.

En el capítulo II han sido expuestos diferentes modelos desarrollados por destacados pensadores, quienes estoy seguro desean que las empresas los utilicen para ser exitosas en el medio actual.

En el capitulo III se ha planteado la importancia de mantener la excelencia en materias de gobierno tradicional, agregando la necesidad de incorporar mecanismos capaces de facilitar una rápida detección tanto de oportunidades como de amenazas, las que en un entorno propio de la era digital, avanzan a una velocidad cada vez mayor.

En el capítulo IV se han repasado aspectos tradicionales asociados al buen gobierno corporativo, los que por conocidos que puedan resultar, no deben ser olvidados.

De manera que se concluye el libro sin haber dado una receta capaz de alcanzar el éxito en la era digital, puesto que no sería creíble. La única intención es que los modelos que han sido brevemente descritos, las limitaciones que ha sido expuestas, los ejemplos mencionados , permitan en manos de buenos directores y ejecutivos por un lado a) desarrollar una actitud vigilante casi paranoica a nivel de los gobiernos de las empresas que tenga la fuerza necesaria para b) crear una cultura capaz de hacerse una y otra vez las preguntas correctas, sin dejarse engañar por lo que pudiera resultar ser un éxito, transitorio.

Las opiniones, experiencias y recomendaciones expresadas en el presente libro no aspiran a que sean consideradas una *ley de la administración,* sino que solo servir de referencia y de complemento a la experiencia que cada uno de los lectores posee, y de la cual ciertamente hará uso al momento de buscar la mejor forma de administrar su(s) empresa(s) o aquella en la cual trabaja o a la cual asesora, etc.

Finalmente, quisiera pedirle a los lectores que no olviden la siguiente paradoja: *mientras tengan la libertad de cambiar, no sentirán la urgencia...* por lo que hay que comenzar antes que sea necesario (y mantener siempre viva la llama de la exploración).

Espero que el presente libro pueda servir de ayuda a todos quienes de hacer empresa en la era digital, a sus accionistas y a las millones de personas que trabajan en ellas. Dado que aprendo a partir de la experiencia de otros -además de la mía- les pido que no duden en hacerme llegar sus críticas, sugerencias, experiencias e ideas a *rlarenast@gmail.com.*

VI. AGRADECIMIENTOS

El desarrollo del presente libro fue posible gracias a las enseñanzas y al apoyo de muchas personas a las cuales no es posible nombrar. A lo largo de mi carrera profesional, he tenido la suerte de haber trabajado con gente excepcional y de haber compartido con muy buenos trabajadores, todos los cuales influenciaron con sus enseñanzas buena parte de lo que he resumido en estas páginas. Dicho lo anterior, no puedo dejar de reconocer de manera especial la oportunidad de aprender que me han brindado personas como Robert (Bob) L. Becker (QEPD), Mike Johnston, Robert Ninker, Sergio L. Gama, Javier Fernández, Sergio Alvarado G., Eduardo Novoa, Leonardo Solari, Diego Valdés, Jorge Schwerter, Erwin Hoehmann F. y Carlos Menzel S.

Quisiera agradecer también de manera particular a quienes realizaron un esfuerzo especial y completamente desinteresado para el desarrollo del presente libro, como es el caso de PhD Enrique Canessa, PhD(c) Victor Jara, PhD Adolfo Gutierrez, PhD Alfredo Enrione, Pablo Pinochet, Felipe Gazitúa y Paul De Rutte.

Finalmente, agradezco a mi familia, por la paciencia que observaron durante los muchos meses de trabajo que requirió el desarrollo del presente libro.

www.ingramcontent.com/pod-product-compliance
Lightning Source LLC
Chambersburg PA
CBHW030629220526
45463CB00004B/1463